台湾書店百年の物語

台湾書店百年の物語

書店から見える台湾

聯合事務所
7F-1
元碩公職
助聽器
5F
UKEAS
4F
大英國協・美國教育資訊中心
UKEAS IELTS
4F
TASTY
日藥本舖
日藥本舖

巨泉助聽器5F
巨泉助聽器5F
TASTY
TASTY
日藥本舖
日藥本舖

本書は『台灣書店歴史漫歩』（2016）より、「第一部 百年書店風華」「第二部第二篇 地區書店漫遊」を翻訳、再構成し、日本語版オリジナルの注釈と写真を追加したものです。「第二部第一篇 當代書店特寫」は原著者確認の上、割愛しております。

本書は書店名ほか、固有名詞を中心に中国語読みのルビを付記した。ルビは一部を除き、現代の中国語読みに統一している。

本書は中華民国（台湾）文化部の助成を受けて刊行されました。
This book is published under the support of Ministry of Culture,Republic of China(Taiwan)

序文

台湾独立書店文化協会は二〇一三年の設立以来、二〇一四、二〇一五年と連続で台北国際書展に出展し、その度ごとに『聽見書店的聲音Vol.1　給下一輪想開書店者的備忘錄』（『書店の声を聴けVol.1　次に書店を開業する者たちへの忘備録』）と『聽見書店的聲音Vol.2　書叢中的微光（『書店の声を聴けVol.2　本たちの光）』の二冊の本を出版してきた。これらの本はそれぞれ約三十軒の書店経営者が執筆し、書店を開くまでの経験と思いが記録されている。この二冊は好評を博し、協会としても、独立書店の文化を広める事は無駄ではなかったと感じている。

今年（二〇一六年）台北国際書展に引き続き参加することが決まり、我々も新しい試みに取り組もうという思いから、この『台灣書店歴史漫歩（台湾書店百年の物語〜書店から見える台湾）』が誕生した。

この本では日本統治時代から現在に至るまでの、台湾の書店の歴史をまとめてみた。むろん様々な事情から限界があり、台湾の歴史の中で存在した数多くの書店のすべてをこの一冊にまとめる事は不可能であるため、時代に沿って幾つかの書店を紹介することとした。また歴史背景についてもわずかに触れることしかできなかった。協会の編集者たちは歴史研究の専門家ではないため、資料の信憑性を深く検証し、判断することは難しい。しかし、この第一歩を踏み出せば、将来的に本格的な台湾書店史が現れることを我々は強く信じ、また期待している。

いくつかの書店は現存しているが、なるべくインタビューなどはせず、執筆者には、客観的に書店を描いてほしいと依頼した。もちろん参考にできる関連の記事や記述は多くあるため、インタビューなどで現存する書店の手を煩わせる必要もないだろう。協会の立場から言えば、『台灣書店歷史漫步』の目的はあくまでも台湾書店の発展過程の輪郭を描くことであり、書店業界の政治経済の分析ではなく、オーラル・ヒストリー（口述歴史）でもない。前二作の独立書店の紹介を引き継ぎ、今回は「独立書店の記録」という協会の趣旨を実践するための第一歩である。

時間、人手、資料、経費などの不足により、現存の書店をすべて紹介することが叶わず、紹介できなかった書店には大変申し訳なく思う。また執筆依頼を受けてくれた書店経営者と読者には感謝しなければならない。彼らの協力と共同執筆がなければ、このプロジェクトが完成することはなかったであろう。天母書廬《ティエンムーシュールー》の陳昭璇《チンジャオシエン》さん、梓書房《ズーシューファン》の曾湞慈《チャンイーツゥ》さんと蔡佳真《ツァイジァチエン》さん、荒野夢二《フォァンイエモンアール》の銀色快手《インスエクァイショウ》さん、紅絲線《ホンスーシエン》の林虹汝《リンホンルー》さん、新手書店《シンショウシューディエン》の鄭宇庭《ジォンユーティー》さん、女書店《ニュシューディェン》の楊瑛瑛《ヤンインイン》さん、永樂座《ヨンラーヅォ》の石芳瑜《シーファンユー》さん、豐田《フォンティエン》の冊所《ツェースォ》の楊金燕《ヤンジンイエン》さん、有河《ヨウフェ》bookの隱匿《インニー》さん、註書店《ジューシューディエン》の朱培綺《ジューペイチー》さん、大家書房《ダージャーシューファン》の奚浩《シーハオ》さん、安書宅《アンシュージャイ》の陳藹文《チンアイウェン》さん、方圓書房《ファンユエンシューファン》の張羽芳《チャンユーファン》さん、瑯嬛書屋《ランホォワンシューウー》の張之維《チャンヂーウェイ》さん、松園小屋《ソンユエンシャオウー》の蔡晏霖《ツァイイエンリン》さん、三餘書店《サンユウシューディエン》の謝一麟《シャイーリン》さん、府城舊冊店《フーチオンジュツエディエン》の潘景新《パンジンシン》さん、林檎二手書室《リンチンアールショウシューシー》の林檎書《リンチンシュー》さん、Stay旅人書店《リューレンシューディエン》の林世傑《リンシージィエ》さん、陶蕃瀛《タオファンイン》副教授、そして書店開業を準備中の布蘭達《ブーランダー》さん、以上協力してくれた方々に台湾独立書店文化協会を代表し、お礼を申し上げたい。

最後に記しておきたいことは、様々な形で協会を支え続けてくれた友人たちである。協会は常態的に人手不足で、設立以来、編集部、文芸部、デザイン部や広報部は、これら協力を惜しまない友人たちによって支えられてきた。非公式に参加する者もいれば、名前を出して責任を担う者もおり、彼らは自分の役目以上に尽力してくれた。締め切りが迫り、人手が足りない時には応援に入ってくれた。そのおかげで協会も数々の危機を乗り越え、幾つかのプロジェクトを無事に完成させることができた。字数には制限があり、一人一人の名前を記すことはできないが、ここで全員の尽力と協力に感謝を申し上げる。この本を製作する我々の心意気も読者にきっと伝わることだろう。台湾独立書店の文化は、流れゆく時代と変わりゆく時代の中で進化し、存続し続けていく。

台湾独立書店文化協会理事長
陳隆昊《チェンロンハオ》

目次

第二篇　言論統制の時代

第三篇　書籍業界が飛躍する時代

第四篇　独立の声

第五篇　書店における転換期

例言

台湾書店の歴史について、今まで全面的な調査が行われたことはなく、きちんとした学術研究も行われたことがないため、系統的にまとめる事は実に難しいことである。また書店には文化的な意義はあるが、昔から商売として捉えるだけで、歴史を細かく記録する者もいなければ、店としても資料を保管することはなかった。我々も書店一軒一軒の物語を紹介するのみで、台湾における書店の発展過程を描くのは難しい。

しかし書店というものは、社会の中において成立するものであり、言い換えるならば書店は社会の一部とも言える。この本では二〇〇〇年代までの書店の新生と変化を紹介しながら、二十世紀以降の台湾書店の歴史を描こうとした。もちろん、これは歴史の専門書ではないので、資料に誤りがあるかも知れないが、書店や社会背景の紹介をまとめることで、書店の社会に対する役割を、少しでも人々に理解してもらえるのではないかと思う。

第一篇

日本統治時代の書店

一，現代書店的興起

近代的書店の黎明期（～一九一〇年）

一八九五年、日本に統治された台湾は、植民地支配を受ける一方で現代化の道を歩み始めた。一九一〇年代になると、行政、水利、交通、産業、法律などはある一定の整備がなされ、都市は発展の一途をたどっていく。そして教育の向上とともに、書店への需要も高まっていき、書店業界はしだいに発展していった。

それらの多くの書店は日本人によって設立され、台湾に住む日本人を相手にサービスが行われていたが、台湾社会に対しても新しい文化の息吹が吹き込まれていった。これらの現象は日本の台湾統治があってこそのことだが、それと同時に、台湾人の有識者を育てることにもなり、台湾における知識と教養の発展に寄与したこともまた事実である。

そして一九一〇年代には、台湾人による書店が設立されはじめ、統治される側の庶民が好む本も多く取り扱った。その中には民族のアイデンティティーや庶民の迷信といった内容のものもあった。しかしその様な種類の本が店頭に並ぶということは、社会に需要があるからであり、経営者が特定の思想を掲げた書店でないかぎり、過剰な評価は避け、先入観を持たず、ありのままの書店の姿を紹介していきたいと思う。

今日、台湾における現代的書店の出現を振り返るとき、民族的な狭い考えや現在の観点でのみ、これらの書店を語ることはできない。重要なのは、書店がその時代にどれだけの存在意義があったかということである。この本が少しでもその記録を残すことができればと願っている。

新高堂《にいたかどう》

台北の重慶南路を歩くと、街中の色とりどりの看板が目に飛び込んでくる。台湾で一番有名なこの書店街は、今では様々な飲食店にすっかりとって代わられ、残っている書店は公務員試験の参考書を入り口に並べ、公務員志望の受験生を相手にかろうじて存続している。

台北駅西南側にある重慶南路と衡陽路の交差点の角に「東方大樓《ドンファンダーロウ》」という八階建てのガラス張りのビルがある。ここにはかつて東方出版という、絵本など子供向けの出版社があった。多くの台湾人は、この「東方」という言葉を聞けば、子供時代を思い起こすだろう。この東方大樓ができる以前は、日本時代に建てられた三階建ての煉瓦造りの建物で、そこには新高堂という書店があった。

一九一〇年代当時、新高堂は台湾最大の書店であった。当時の書店経営は、学校の教科書と図書館の販路を確保できれば安定した。また植民地時代の台湾においては、在台日本人は政府からの支援もあり、人種的にも優遇されていた。

台湾の中央研究院デジタル研究センターの資料によると、新高堂の創業者は村崎長昶《ながあき》、陸軍省の職員として一八九五年、台湾に渡ってきた。一八九八年に文房具や書籍を販売する小さな商店を開き、一九一五年には三階建ての大きな書店に改築した。その後、他の書店も増えたが、日本から送られてきた書籍の大半は新高堂が仕入れたもので、多くの書店は新高堂から仕入れるより他に方法がなく、日本統治時代の書店業界は新高堂が牛耳っていたのである[*1]。

新高堂以外に、同じ一八九八年に台湾で設立され、一九〇二年に書籍専門販売に転身した文明堂も衡陽路に移ってきた。そのほか、杉田書店、三軒書店なども、日本統治時代に栄町（重慶南路付近）と呼ばれていた街を拠点とした。重慶南路の書店街の原形は、実は百年前からのものだったのである。これらの書店は、日本に統治されてからの設立だが、一方で当時の台湾の知識人をも育てることになった。例えば、龍瑛宗《ロンインゾン》[*2]はこれらの書店と強い繋がりがあり、鄭清文《ジョンチンウエン》[*3]は書店で万引きしたこともあった。これらの新しい形の書店は、一九二〇年代の文化協会[*4]運動が起こした書店開業ブームの理由の一つかも知れない。

台湾にとって植民地となったことは悲しい歴史だが、この事実を消してしまう必要はない。いつの時代も書店というものは、商売のための商業空間としてしか捉えられていないのは残念なことだ。書店の存続について誰も気にもとめない。日本が戦争に敗れ、日本人が台湾から引き揚げた後は、新高堂は東方出版社に取って代わられ、台湾総督府と同じ建築家によるデザインの赤レンガの歴史的な建築物も、一九八〇年には取り壊されてしまった。重慶南路で殷賑を極めた新高堂書店も今となっては、わずかな写真や書物の他に、老人の記憶に

＊1　実際は複数の日系書店、取次が参入しており仕入れルートは多様であった。しかしながら、新高堂は新刊雑誌・書籍仕入れのために入会が必要な台湾書籍商組合（一九二二年設立）の組合長を長く務めており、「牛耳っていた」というのも間違いではない。

＊2　（一九一一～一九九九）台湾の小説家。台湾銀行に勤務。日本時代の『文芸台湾』などの編集に携わる。主な作品に、植民地支配下における知識人の苦悩を描いた『パパイヤのある街』など。

＊3　（一九三二～二〇一七）台湾の作家。戦後、中国語による小説を発表。主な作品に『三脚馬』など。

＊4　一九二一年に発足。文化啓蒙を目的とした団体。後に政治運動と深く関わり、一九三〇年に分裂、逮捕者が続出し消滅した。

のみ存在する書店となり、多くの若者にとっては、何も知らないことである。

瑞成書局《ドワンチョンシュージー》

台中の自由路と双十路の交差点に、軒先が書物の巻き軸のようにデザインされた建物が人々の注目を集める。台中市政府からも「台湾最古書店」の扁額が贈られ、百年以上の歴史を持つ書店が瑞成書局だ。

店の記録によると、瑞成書局は一九一二年に設立され、創立者は許克綏《シュクスウイ》。初めは台中市内にある第一市場内の小さな店舗から始まり、何度か移転し、一九九三年に今の場所へ移った。一階から三階のフロアはスピリチュアル、宗教、五術などの書籍がメインで、仏具や法具も取り扱う。

第一市場の一角にあった設立当初は、野菜の種の販売がメインで、書店はあくまでも副業だった。やがて店舗を構え、書籍の販売がメインになっていく。瑞成書局は日本統治時代の台湾でありながらも、日本語の本は販売せず、中国の漢文書籍しか取り扱わなかったというのだから興味深い。漢学の基礎の『三字経』、『百家姓』、『千字文』など、民間の善堂[*5]が出版した善にまつわる書籍が

現在の新高堂書店跡地

＊5　慈善組織のこと。

メインだった。その後『三国演義』、『水滸伝』、『封神榜』などの古典文学も扱った。一九三〇年代には活版印刷所を設立し、歌仔冊[*6]、通書[*7]を印刷、卸売りも行った。

　現代の都会っ子にとって、歌仔冊や通書がベストセラーであったことは想像もつかないであろう。しかし、五、六十年代を過ごした台湾人李炳南《リービンナン》居士[*8]たちの家には、小さな分厚い歌謡集があり、今でも占いに関する本がよく売れている。このことからも三十年代当時、こういったジャンルの本がベストセラーであったことが分かるだろう。実際、通書は今でも田舎の小さな本屋の売れ筋商品の一つである。通書がただの迷信だと言われればそれまでだが、書店とはいえ、店舗を維持し、生活をしていくためには、お客さんの好みに合わせて売れる商品を販売することも仕方のないことである。

　日本統治時代に日本語書籍を販売せず、漢文書籍だけを販売する理由に関しては、書店それぞれの理由があったことであろう。それは時が経った今、歴史学者に判断させればいいことである。これらの真意を確認できない私たち一般人は、他人の話を受け売りしないことだ。

　瑞成書局は経営者が台湾人であるため、戦後、国民党が台湾に来てからも存続した。一九五一年、店主と李炳南居士との出会いが、瑞成書局を仏教書籍が

＊6　台湾のオペラとも呼ばれる伝統芸能、歌仔戯の歌謡の歌詞を記した冊子。

＊7　吉凶などを占う時に使用する一種の運勢暦。

＊8　（一八九一～一九八六）漢方医、仏教僧侶。許克綏と共に台中市仏教蓮協会を設立した。

メインの宗教書店に転向させた。台湾の戦後、七十年の間、浮き沈みの激しい書店業界で、瑞成書局は消えるどころか規模を拡大させた。一九七八年、第一市場の火災で被害を受けたものの再建し、信者からの支持を取り戻した。この一件は一般書店とは違う再建の方法[*9]ではあるが、何はともあれ、百年以上も続く老舗書店というのは、台湾では唯一、この瑞成書局のみである。

蘭記書局《ランジーシュージー》

一九一七年頃、雲林県斗六から嘉義にやってきた一人の若者が、嘉義信用組合の入口の柱の横に、古い木製の扉を置き、「蘭記図書部古本安売り」と横書きで書かれた看板を掲げ、漢文の古本を販売した。この小さな露店の古本屋店主が黄茂盛《ファンマオチェン》という人物で、後に蘭記書局の店主となる人だ。

露店は繁盛したが、日本統治時代の台湾で、漢文書籍を仕入れることは困難で、黄茂盛は一九二四年に「台湾之漢籍流通会」を設立した。会員を募集して会費を集め、貸本屋式の経営を始める。黄茂盛が呉氏金《ウーヂージン》と結婚して間もなくの頃、二人で嘉義栄町四丁目西市場の横に店舗を借り、正式に書店を開業した。

*9　李炳南居士に関連する仏教の信者たちの支援が大きかった。

店名は露店時代の名前を引き継ぎ、「蘭記図書部」とした。一九三四年に火事に遭い、一九三七年に栄町二丁目七十番地で新しい店舗を建て、「蘭記書局」と改名した。

開業当初は中国から漢学の書籍を輸入して販売するだけであったが、やがて本のカタログを編集、出版し、通信販売のサービスも行った。これは他の書店にはない、蘭記書局の最大の特徴であった。こういった通信販売は、六、七十年代の台湾で流行ったが、日本統治時代の書店としては極めて珍しい方法であった。その他に新聞や雑誌で広告を出すことにより、大きく発展していくこととなる。また蘭記書局が取次として販売していた『三六九小報』[※10]が一世を風靡した。以前から三六九小報に広告を掲載していた蘭記書局は、売り上げを日に日に伸ばしていった。

とは言え最初から順風満帆だったわけではない。設立後数年間は、取り扱っている書籍が何度も取り押さえられ、経営状態は非常に困難であったため、友人たちの援助を受けなければならない程であった。このような状況から、蘭記書局は自社で出版する計画を持ち続け、実際に何度か挑戦したのだが、なかなかうまくいかなかった。一九二七年、商務印書館が出版した漢文読本を「最新国文読本」[※11]と表記しただけで、台湾総督府に再度取り押さえられた。これを機

＊10　日本時代に発行された漢文、台湾語文の刊行物。主に歴史や詩文などを掲載した。

＊11　日本統治時代の台湾では「国語」とは日本語であり、中国の漢語を国語、すなわち国文としたことで台湾総督府（日本）の取り締まりにあった。

に、黄茂盛は自社で読本を編集作成することにした。一九二八年には八冊の『（初学必需）初等漢文読本』を出版し、初版はすぐに完売した。一九三〇年には『（中学程度）高級漢文読本』八冊を編集出版。売れ行きは上々だった。この二冊の本は蘭記にとって、以降数十年の経営基盤を築くことになった。特に戦後は漢語が正真正銘の「国語」となり、中国内部の情勢が不安定な中、蘭記の読本が一般的な教科書の代用品ともなった。この三〇年から四〇年代は蘭記書局が一番輝いている時代であった。

日本統治時代における蘭記の経営を現代の言葉に言い換えれば「中文ベストセラーに力を注いだ」と言える。ゆえに二〇年代の新旧文学論争[*12]は蘭記の経営方針に影響することはなかった。善書、私塾用書の編集、出版、販売は蘭記の重要な収入源であった。のみならず、少数の学術書や新文芸雑誌の販売も行っていた。

戦後初期に発令された日本語禁止令による漢文読本のベストセラーという幸運以外に、その後、新しく開業した他の書店との競争もあったが、蘭記書局は読書家が古書を求めて訪れる穴場となった。一九九一年蘭記書局は中山路の店舗を畳み、興中街の自宅に移転した。露店から嘉義の重要漢文書店となった蘭記書局は二〇〇四年には閉店し、ついに歴史の一頁となってしまった。

＊12　日本の植民地になった台湾の文学界で、どの言語（台湾語、中国白語文、古典漢話、日本語）を使うかという言語選択と共に、新旧の異なる文学概念について、一九二〇年代に巻き起こった論争のこと。

注：日本が統治していた大正時代には、前述の幾つかの書店以外に、台中の棚邊書店、嘉義の吉川山陽堂書店（一九二〇）と玉珍書局、台南の小出商行、浩然堂、崇文堂、高雄山形屋書店（一九二〇）などが有名であるが、ページに限りがあることと、資料収集が困難なことにより割愛した。

二，文化協會的年代

文化協会時代
（一九二〇年代）

一九二〇年代の台湾は、社会運動が盛んな時代であった。台湾議会設置運動*13や台湾文化協会が誕生し、台湾民衆党と台湾共産党の成立により、被支配者側の台湾社会に農民運動や農民組合が出現し、統治者に対して様々な抗議活動を起こした。こうした抗議活動について、蒋渭水《ジャンイーシュイ》*14と彼が設立した台湾文化協会が何かしらの形で関与していたことから、二〇年代の台湾は「文化協会時代」とも言えた。

社会運動の発展は、台湾民衆の政治に対する意識を高めただけではな

*13　日本の植民地であった台湾の住民が、台湾独自の議会の設置を帝国議会に請願した運動のこと。

*14　（一八九〇〜一九三一）医師・社会運動家。台湾文化協会、台湾民衆党を創設し、民族運動を展開した。

く、階級社会による民衆に対する搾取について自覚させることとなった。そんな中、台湾の旧時代の伝統に対する弊害について、文化協会は様々な文化的な処方箋を提起した。これら文化の議論は『台湾民報』[*15]、文化講演、映画や演劇などの方法で広めていき、民衆の知識の啓発、迷信の破棄、女性地位の改善などにも相当な影響を与えた。

特にこの政治、経済、文化の革命の中で、書店も重要な役割を担っていた。もちろんここで指しているのは以前からある書店ではなく、こういった社会運動の広がりとともに設立された書店のことである。これら書店と、書店が伝える様々な新しい知識は、台湾の社会運動家を集めただけではなく、運動家の武器として重要な思想をも提供していた。

今日、我々が台湾の独立書店を議論し、独立書店に社会意義と価値を見出すとき、これら二〇年代の書店を念頭に置くべきであろう。彼らの精神を理解すれば、独立書店とは何かということを理解することができるかも知れない。

＊15　日本統治時代に発行された新聞。台湾における社会運動に大きな影響を与えた。

文化書局《ウェンホワシュージー》、国際書局《グォージーシュージー》

台北市延平北路二段三十一号（現在の迪化街付近）、現在は義美食品の店舗だが、以前は蒋渭水が設立した大安医院があった。一九二一年には「台湾文化協会」が設立された場所でもある。また一九二六年、蒋渭水は大安医院の隣りに書店を開業、「文化書局」と名付けた。

蒋渭水の台湾史における地位から見れば、書店の設立は彼の人生において、ほんの小さな出来事かも知れない。しかし、蒋渭水も「生まれつきの偉人」ではなく、「文化書局」の設立は彼にとって、実は大きな意義があった。またこの書店の存在も、台湾書店史の重要な一ページを占めている。

黄煌雄《ホオアンホオンシィオン》の『蒋渭水伝』によると、医学を専攻していた蒋渭水は、元々社会運動について深く研究したことはなかったが、「治警事件」[*16]で約百四十四日間拘束されたことをきっかけに、政治社会の様々な書籍を読み漁った。文化協会の「講習会」で主に通俗衛生を議題に講演してきた蒋渭水は、拘束を解かれると「政治哲学概念」や「群衆運動の基礎」などを議題として取り入れた。蒋渭水には「一流の文化があるからこそ、一流の国家が築かれる」という考えがあり、「文化運動がピークを迎える台北に、台湾人が経営する書店が一軒もない」と

＊16　台湾での民権運動を提唱した蒋渭水が、一九二三年、治安警察法違反で逮捕され、禁固四ヶ月の判決が下された事件。

いう思いから、「新文化紹介機関」として「文化書局」の設立を決断した。

文化書局が取り扱う書籍には、漢文や日本語の書籍もあった。漢文書籍のジャンルは新しい学術と平民教育の普及がメインで、内容としては孫文《スンウェン》の伝記と著作、革命者の写真と梁啓超《リャンチーチャオ》*17と胡適《フゥーシ》*18など中国新文化運動者の作品、『平民千字課』、『女性職業問題』等がある。一部には日本語から翻訳した漢文書籍『近世社会学』や『唯物史観学倫理研究』等もある。日本語書籍の方は労働、農民問題関連を専門的に販売し、『無産階級の世界史』、『闘争の進化』、『資本主義と農村問題』等は文化書局が販売する書籍であった。さらに、日本左翼活動家、山川均の『殖民政策下の台湾』は「台湾人必読書」として文化書局から推薦された。

文化書局の存在は、一般の書店でなかなか目にすることができない学術書に触れる機会を、当時の台湾人に与えたことだけではなく、蒋渭水らが台湾民衆党の指導方針の議論作成をするための養成所ともなった。黄煌雄が言うように、入獄することで蒋渭水は英雄になったが、文化書局の開設で蒋渭水は台湾で一番影響力を持つ人物となった。

残念なことに一九三一年に蒋渭水が病死し、文化書局も幕を閉じてしまった。日本政府が左翼活動家の逮捕に力を入れることで、台湾の様々な社会運動も三

*17 （一八七三〜一九二九）啓蒙主義者。ジャーナリスト、政治家、歴史学者。

*18 （一八九一〜一九六二）中国の文学者・思想家・教育行政家・外交官。

〇年代にはほとんどが終息した。もちろん文化協会期の中で文化書局は短いひと時に過ぎなかったが、その歴史は我々に独立書店の存在意義と価値を教えてくれた。

一九二九年二月、文化書局の近くにもう一つの書店が現れた。その名は「国際書局」。台湾共産党の創立者・謝雪紅《シャシュエホン》*19によって設立され、看板に大きな赤い星が一つと「共産主義インターナショナル」という文字が鮮明に表示されていた。

国際書局は「左翼書籍の専門販売書店」で、主に日本マルクス書房とイスクラ閣など左翼出版社の本を輸入販売する傍ら、一般社会科学の書籍も取り扱っていた。当時、台湾共産党組織と活動の主要拠点でもあり、書局の二階は旅館に改装し、学生や無産階級者に宿泊させた。しかし、日本当局の禁忌に触れ、書店に警察の捜査が入るのはよくあることであった。一九三一年日本の警察が大規模に、謝雪紅、楊克煌《ヤンクーホァン》等の台湾共産党員を逮捕、収監し、国際書局は閉店を余儀なくされた。

興味深いのは国際書局設立の背後には、蔣渭水の資金援助があったことであった。このことで我々も蔣渭水の政治的立場について、想像が膨らんでいく……。

*19 （一九〇一〜一九七〇）台湾・彰化の生まれ。日本統治時代の台湾共産党設立メンバーのひとり。二二八事件で香港に逃れた。北京にて死去。

中央書局《チョンヤンシュージー》

台中市中正路と市府路の交差点に、半円弧状の丸みを帯びた三階建ての洋風建築がある。一九九八年まで営業していた「中央書局」のあった場所である。台中市のある年代までの知識人にとっても、また台湾の歴史にとっても中央書局は大切な記憶の一つである。

一九二五年、台湾文化協会が台中市で全島大会を開催した日のことであった。会議で文化服務機構を設立することを決め、鹿港地区の荘垂勝《ジュアンチュイション》が、台中市で中央倶楽部を創設することを計画し、大雅地区の張濬哲《チャンシュンジャア》と張煥珪《チャンファングイ》兄弟の全面的な支持も得た。その後、林獻堂《リンシェンタアン》*20、陳炘《チェンシン》らが発起人となり、募金活動で集めた資金で、台中庁錦町桜橋通り（現三民路カトリック救世主イエス司教座堂）に中央倶楽部を設立した。一九二六年の六月であった。

中央倶楽部には本来、旅館や食堂、書店の三部門を併設するという大きな計画があった。しかし当時の文化協会は右派と左派に分裂し、その他の業務の執行が不可能となり、中央書局のみが一九二七年一月三日に設立を果たした。また、この日は文化協会が、台中公会堂で臨時大会を開催する日でもあった。当日、左派の連温卿《リィエンウェンヂン》、王敏川《ワンミンチョワン》らが文化協会の主導権を握り、林獻堂、蔡培火《ツァイペイフォー》、蔣

*20 （一八八一～一九五六）台中出身。実業家。台湾文化協会の設立メンバーのひとり。

渭水ら創立メンバーは、文化協会から去ることとなった。

開幕当初の中央書局は貸店舗で、台中市宝町三丁目十五番地（市府路一〇三号、のちにカトリック恵華医院に改築し、現在は恵華デイケアセンター）にある木造平屋だった。その後、隣接する土地（現在の中央書局）を買い取り、倉庫と社員寮を建設した。張濬哲が書店の店長となり、実際の経営は専務の荘垂勝に任せられていた。一九二八年三月には張星建《チャンシンジェン》が営業部主任として加わり、日本や中国から和漢書籍の輸入、販売を担当、出版と取次業務も兼任した。その他、文房具、運動用品、絵画材料なども取り扱い、後に蓄音機や西洋の楽器にも手をひろげた。書店の規模が大きいのと、張星建の文芸界での活躍もあり、設立以来、中部地区の重要な書店であった。作家の張文環《チャンウェンホァン》、翁鬧《ウェンナオ》、呂赫若《ルウヘエルウ》、詩人の江燦琳《ジャンサンリン》、彫刻家の陳夏雨《チェンシァユウ》、音楽家の呂泉生《ルウチョワンション》、画家の李石樵《リーシィーチィアオ》、林之助《リンディジュウ》らは皆、中央書局と繋がりがあり、頼和《ライフェー》*21と楊逵《ヤンクイ》*22二人の文化協会メンバーと書局との関係は言うまでもない。一九三〇年代に張星建主編による白話文学雑誌*23『南音』、そして彼が張深切《チャンシェンチィエ》らと共同で創刊した雑誌『台湾文芸』の出版と発売をも手掛けた。

戦後、中央書局は存続し続けた。ただ、一九四九年に張星建が暗殺され、店の経営もやがて苦しくなった。五〇年代、中央書局は常務郭頂順《グォディンシュン》の支援の下、図書の出版業務を再開し、企業式経営に転換した。その後、近年主流となった

*21　（一八九四～一九四三）白話文による新文学運動の代表的な台湾の作家。

*22　（一九〇六～一九八五）台湾の作家。頼和らとともに『台湾新文学』を創刊。

*23　中国の伝統的な文語文学に対する、口語による文学のこと。

チェーン店との競争に敗れ、一九九八年、店舗としての建物を売却し、営業を終えた。

台湾の怒涛の七十年の歴史を見届けたこの建物は、ウェディングドレスショップ、コンビニエンスストア、ヘルメットショップなどとなり、二〇一五年には永豊餘社所属の信誼基金会と上善人文基金会が共同で店舗を借り、姜樂靜建築事務所にリフォームを委託し、中央書局の消え去った栄光を復活させようとしている。実店舗の経営が厳しい昨今、いかに歴史を受け継ぎながら文化史に新しい一ページを吹き込むことができるのか、実に楽しみだ。

興文齋《シンウェンチー》

台南市民権路二段に興文齋という保育園がある。ここにはかつて興文齋という名の書店があった。

興文齋は林占鰲《リンチェンアオ》・林宜鰲《リンイィアオ》兄弟が、一九一九年に設立したと言われている。設立当初は父親の事業を引き継いで刻印業を営んでいたが、いつしか本の販売を始めていた。どういう本を取り扱っていたかについては、今となっては知る由もない。しかし一九二六年、蒋渭水の文化書局が開業する頃には、台南の興文齋はすでに書籍販売をメインとしていたことは確かだった。また林占鰲にはいわゆる「五不主義」という原則があった。すなわち「和服を着ない、日本語を喋らない、日本の本を読まない、日本式名前に改名しない、日本の本を販売しない」ことだった。このことから興文齋は、漢文書籍のみの販売だったことは間違いはないだろう。

蔡培火《ツァイペイフォー》＊24に影響され、文化協会の設立後、林占鰲兄弟も文化協会と台湾民衆党に参加した。一九二三年、文化協会の第三回総会が台南で開かれ、蒋渭水が専務理事を辞任し、蔡培火が引き継いだ。その会議で文化協会の本部を台南に移すことも決まり、蔡培火、韓石泉《ハンシィーチュワン》、王受禄《ワンショウルゥー》、林秋梧《リンチィウウー》ら台南人が、この時期の文化協会リーダーとなった。興文齋も文化協会メンバーが集う場所となった。

興文齋を通して新しい思想を広めるとともに、林占鰲兄弟は様々な文化運動にも積極的に参加してきた。一九二六年、韓石泉が「台南文化劇団」を設立し、新劇運動を推進した頃、林占鰲兄弟もその劇団の一員だった。台湾民衆党の成立後の一九二八年「台南赤崁労働青年会」、「台湾工友総聯盟」が次々と設立され、興文齋は左翼活動の主要拠点となった。一九二九年、荘松林《チョワンソンリン》らが悪い旧習を改革するため「反対中元普渡」＊25運動を起こし、翌年興文齋が編集、印刷した「反普特刊」が発売され、林占鰲もペンネームで原稿を書いた。一九三〇年、「台湾革命僧」と呼ばれている林秋梧と荘松林、盧丙丁《ルゥービンディン》ら「台南赤崁労働青年会」のメンバーと社会主義の色が強い『赤道報』を創刊し、林占鰲兄弟は共同

＊24　（一八八九〜一九八三）雲林県の出身。台湾議会設置運動、台湾文化協会などに参加した。

＊25　旧暦七月十五日の中元節に、先祖などに御馳走するため、お供えとお祈りを行うこと。この時期になると一般家庭の玄関先や店前でお供えやお祈りの姿をよく見かける。

創刊者だけではなく、営業業務も兼務した。新聞社の設立場所は興文齋の二階だった。

しかし、戦後林占鼇が国民党に入党し、国民党の台南支部の委員となり、書店も戦前のような活気はなくなってきた。さらに、二二八事件[*26]の際には、林占鼇が数多くの「外省人[*27]」を興文齋の地下室にかくまったため、台湾の本土意識が強い人たちからのバッシングを招いた。五、六〇年代、興文齋の出版と販売事業は続いたが、この時期の林占鼇はすでに重心を教育事業に移していた。一九七九年、林占鼇が他界し、「興文齋書局」も八〇年代に幕を閉じた。

*26　一九四七年二月二七日に、台北で闇タバコを販売していた女性に対して、取締官が暴行。翌二八日、国民党政府に不満を募らせていた民衆がその行為に対して怒りを爆発させ、政府側と衝突した事件で、台湾全土に波及した。その後国民党は民衆を長期的に弾圧、虐殺し、犠牲者は二万人以上とも言われている。犠牲者の中には事件とは全く無関係の者も多く、事件の後遺症は今もなお台湾社会に影を色濃く落としている。

*27　日本統治時代から台湾に住んでいた「本省人」に対し、戦後、中国大陸から台湾に移ってきた中国人のことを指す。本省人と外省人との間には、昔ほどではないが、今も根強い溝がある。

飛躍する時代の書店
（一九三〇年代）

一九三〇年代は台湾にとって、最もよき時代であったとともに、最悪の時代でもあった。様々な公共事業や投資事業が発達し、台湾は近代資本主義国家への道を踏み出したかのようであったが、皇民化運動*28が進むにつれ、台湾人の民族意識が徐々に薄らいでいくこととなった。この二つの流れに逆らうように反対運動を継続する者もいたが、社会全体の情勢からすると、それはすでに時代遅れであった。

社会の繁栄に伴って、この時期の書店業界も著しく成長した。資料に

*28 台湾を統治していた日本による同化政策。台湾人に日本語を話すことや日本の姓氏に改めること、また日本神道の受け入れや神社への参拝などを強く推進した。これらの政策は一九三七年の日中戦争勃発以降、より強化された。

よれば一九二八年、台湾には六十六軒ほどの書店しかなかったが、一九三三年には八十九軒に増え、一九三八年には一〇六軒にまで増加した。それはしかし、社会の抗議の声が蓄音機の音楽に代わり、書店の経営は経済のルールに従うようになっただけのことであった。今となっては当時の書店に関する記録を見つけるのも困難となってきたが、幸いなことに数軒の書店が今でも存続し、我々も三〇年代の書店の歴史を垣間見る機会を得ることができた。

戦争がいよいよ始まろうとする頃になると検閲が厳しくなってきたが、二〇年代の文化協会的な書店もあった。しかし日本が敗戦し、日本統治時代から中華民国の時代となり、いち早く三民主義を称賛し、国民党政府への支持を表明した書店が、二二八事件において権力者による虐殺の現場になろうとは、果たして誰が予想できたであろうか。

商売に力を入れて経営した書店の方が長く続く可能性は大きく、社会運動の拠点となった書店を長く存続させることは難しいだろう。どの書店の影響力が大きいのかを判断するのは難しい。ただ、書店の歴史から見ると、人それぞれの道がある。右に行くか左に行くか、それはちょっとした考え方の違いだけだったのかも知れない。

鴻儒堂《ホンルータアン》

文：天母書廬《ティエンムーシュールー》　陳昭璇《チンジャオシェン》

台北・漢口街にある建物の三階に移転した鴻儒堂は、雑踏から離れ、独自の雰囲気を保っている。広い空間の半分はカフェ。本屋とコーヒーのコラボも熟考の結果かも知れない。付き合いの長い白髪の仲間同士が、まるで自分の家のように集まってきて、井戸端会議に花を咲かす。鴻儒堂は彼らにとって少年時代からの思い出なのだろう。青春は戻らない。鴻儒堂の輝かしい時代も去って行ったが、多かれ少なかれ彼らは半生を鴻儒堂と共に過ごしてきた。幾度か移転し、書店が存続の重圧と闘うことは、努力して何かを掴もうとする人生と同じようなものである。過ぎ去った歳月や、過去の栄光のために奮闘し続けること……。

書店の選書は日本時代の伝統を引き継ぎ、日本史、文学、芸術、科学がメインで、日本の各大学、大学院の進学ガイド、日本語検定対策本なども取り扱っている。もっとも際立つのは、中国語と日本語の台湾史に関する書籍がぎっしりと並べられた大きな本棚だ。その中には、鴻儒堂が出版した史明《シィーミン》*29の『台湾人四百年史』日本語版と、医師の林彦卿《リンイエンチン》氏の『無情的山地』もあり、台湾に対する情熱は言うまでもない。台湾語はある時期、統治者の取り締まりの対象であ

鴻儒堂の外観と店内

った。小学校で台湾語を喋ると罰金を科せられた事は、多くの台湾人にとって忘れることのできない記憶であろう。長年の弾圧により、母語の単語や発音が時間の流れとともに消え去ったこともある。鴻儒堂はあえて他店であまり取り扱わない『台湾語字典』も販売する。台湾という土地に強いアイデンティティーを持つ書店が、いかにして波乱の戒厳時代を乗り越えたのかは歴史の謎であり、明らかにすることはできないし、また明らかにしてはならない。

書店の一角に、「金鼎獎《ジンティンジィアン》*30受賞の入門日本語雑誌」という大きな張り紙がある。受賞の栄光は未だ褪せることはないが、二〇一五年末には廃刊という運命が決まったらしい。いい雑誌を作るには、雑誌という商品自身だけではなく、販路、マーケティング、そして需要の創出など、二十一世紀における重要な要素も必要である。厳しいマーケティングの試練の中、金鼎獎の恩恵があっても、悲しい結末から逃れることはできなかった。「鴻儒堂出版社」の看板はひっそりと人の目の付かない書店の一角に掲げられている。じっくりと目を凝らさないと、この出版社が築き上げてきた様々な「こだわり」も忘れ去られてしまいそうだ。

最後に目に飛び込むのは、広いスペースに陳列されている中国武術大全だ。各種拳法の由来と解説を知りたければ、鴻儒堂に行けば間違いはない。しかし、当たり前のことであるが、現在の台湾において日本語書籍や武術の教科書はマ

*29 （一九一八〜二〇一九）台湾の歴史家、独立運動家。戦後、国民党の弾圧を受け、日本に亡命。東京渋谷で中華料理屋「新珍味」を開きながら『台湾人四百年史』を日本語で執筆、出版する。一九九三年、台湾に帰国。二〇一六年、蔡英文政権で顧問を務めた。

*30 台湾の出版界における最高の賞。

イナーな部類だ。店主が相当な辛苦を経て、今に至るまで書店を守ってきたことは想像に難しくないだろう。店を守り抜いてきた店主のモチベーションとは何だろうか。二代目店主は一代目が書店を立ち上げた時の書店業界の輝かしい時期を目の当たりにしたかも知れないが、歳月は流れ、社会環境が変化した今、どういう風に古いものを取り入れ、新しいものを創りだすかは、経営者の知恵次第である。

重慶南路は日本統治時代から台湾総督府が教科書を編集する出版の中心地で、当時は書店が林立し、書店業界が盛んであった。しかし今は老舗が点在するだけで、ビジネスホテルや銀行が多く軒を連ねている。子供の頃の重慶南路への思い出、心を豊かにする一冊の本を見つけた時の喜びは、もう記憶の中にしか存在しないのであろうか。

歴史の長い書店は如何にして、時間の流れの中で読者の注目を集め続けるのか。経営者のこだわりと根気が試される。鴻儒堂は八十年以上の歴史を背負い、創立、没落、奮起し、忘れがたい書店の光景を織りなしてきた。

注：鴻儒堂は二〇一六年一月二十五日から台北市懐寧街八巷七号に移転した。

大陸書店《ダールゥシューディエン》

文：天母書廬《ティエンムーシュールー》　陳昭璇《チンジャオシェン》

日本統治時代から戦後、そして経済発展へと移りゆく時代の中で友人の家を訪れ、その人の社会的な地位や文化水準が一目で判る応接間の家具はピアノである。

第一次世界大戦が終わった、いわゆる「美しい時代」には、新鮮で面白い西洋の様々な物が台北の街角に次々と現れた。喫茶店で最も人気のある音楽はもちろんモーツァルトとベートーヴェンなどのクラシック音楽である。クラシック音楽の鑑賞は文化人が一番熱中する娯楽となった。また、医師の蔣渭水が「臨床講義」という文章の中で、文化的不毛な台湾が潤うためには知識という養分が必要だと説いた。僅かな期間に講演会を開催し、西洋の新しい知識や文化、歴史を広めていくことこそが、知識人の背負わなければならない使命となった。

一九三八年、「文化の街」と言われている重慶南路と衡陽路の交差点付近で、台湾人が店主の大陸書店が楽譜を販売し始めた。ビルの三階にある現在の書店に入ると、様々な楽譜がぎっしりと本棚に並べられている。楽譜は主に、株式会社全音楽譜出版社から販売権を得ていた。一番特徴的なのは、昔からの伝統を引き継ぎ、レジに包装紙がどっさりと積んであることだ。この光景は日本の銀座の書店を思い起こさせる。値引きをせず、定価売りがこだわりの店だが、会計の際にきれいな包装紙で一冊一冊を包んでくれて、本を大事にする気持ちが伝わってくる。温かみのある本への想いを分かち合うことができる。本を買う時の気持ちも包装紙に託しているのかも知れない。

　隣の店舗はすでに閉店となってしまったが、大陸書店は風貌を変えず、世間の変化とは関係なく、時の流れが止まったかのように佇んでいる。十年が一日の如くと言えば、時代とともに進化がないとも捉えられるが、大陸書店が昔から変わらない事にどれだけの努力が必要であったのか。「変わること」と「変わらないこと」は昔から難しい課題で、大陸書店の「変わらないこと」が読者に懐かしさを感じさせ、より多くの支持を得られたのだろう。大陸書店は音楽の専門分野において頂点に立ち、邁進し続け、不動の地位を築いたのであった。

　書店のもう一つのスペースには日本語の様々な雑誌が並べられている。ファッションや編み物、レシピなど、年代物の古書から新刊書まで何でも揃っている。至るところに漂っている日本の香りが、我々のいる現在の時間と空間を錯覚させ、まるでタイムマシンで日本のとある書店にワープしたかのようである。実は大陸書店は楽譜を専門に出版しているだけではなく、呉炳鍾《ウービンジョン》が編集した『英漢辞典』も大陸書店の功績である。情報収集が現在のように簡単ではなかった時代、数多くの学生の基礎英語力に貢献した。

　大陸書店を訪れた人々は、美しい音楽への憧れを抱いて楽譜を購入する。青春時代の様々な期待と想像を叶えてくれたことが、大陸書店が今日まで存在し続ける一番大きな理由かも知れない。

　大陸書店を後にすると、店の看板は午後の日差しで輝いている。「時間は流れ去ったが、音楽は永遠にここにあれ」と耳元で囁かれているかのようであった。

日光堂《リーグゥアンタアン》（三民書局《サンミンシュージー》）

一九四五年に日本が敗戦し、台湾が「光復」[*31]して八日目、台北のある書店が率先して「青天白日満地紅」の国旗を掲げ、紙の国旗を大量に印刷し、皆が掲げられるように人々に配った。それと同時に増資、組織を変更し、店名を「日光堂」から「三民書局」に変更した。ここが後に二二八事件で殺人現場となることなど、当時の誰が想像したであろうか。

書店のオーナーは他でもなく、蒋渭水の弟、蒋渭川《ジャンウェイチョワン》であった。蒋渭水が一九三一年に病死すると同時に、大安医院と文化書局も閉店した。一九三四年に蒋渭川が台北市太平町三丁目二十八番地（即ち文化書局の旧跡）で書店を再開した。書店の名前は「臺北堂」としたが、他の書店名と重複したため、「日光堂」と改めた。

一九三〇年代の台湾の社会情勢は大きく変わった。一九三一年、日本政府は台湾民衆党を解散させた。と同時に躍起になって台湾共産党党員を逮捕し、文化協会の重要幹部も多数拘束され、協会は瓦解した。林獻堂らの「台湾地方自治聯盟」が唯一残存していた社会運動団体であったが、残念なことに、日本同化政策に同意せざるを得ない立場へと変わっていった。

＊31　失われた光を取り戻すこと。ここでは日本の敗戦により、統治権が祖国・中国（中華民国）に移ったことをいう。

社会運動団体が次から次へと潰され、それらに代わって盛んになったのは文芸団体の内省的な文化活動だった。一九三四年「台湾文芸聯盟」の設立と雑誌『台湾文芸』の創刊が台湾の文化政治に新しい風を吹き込んだ。その後、楊逵が理念の相違により『台湾新文学』を新たに発行。新文学運動は台湾で確かな盛り上がりを見せていたのだ。

このような時期に「日光堂」は設立された。蒋渭川は書店だけではなく、経済界でも活躍する。「台湾書籍雑誌商組合」の理事に就くだけではなく、その後、台湾貿易商同盟会の会長や紙文具商聯合会会長などにも就任した。その他、稲江、商工、龍江など信用組合の理事長に就任した他、一九三九年には台北市第二回民選の市議員にも当選し、当時の台湾の政界と経済界の名士となった。興味深いのは、台湾民衆党が解散され、蒋渭水が亡くなった後に、蒋渭川はまだ党員たちと連絡をとりあい、台湾工友総聯盟を引き続きリードしていたことである。戦後「台湾民衆協会」が「三民書局」を本部としてすぐ設立されたことからも、当時の蒋渭川の動きが関係していると推測できるであろう。

このように、三〇年代の「日光堂」書店は謎に包まれている。ただの商売としての書店なのか、それとも何か他の企みがあったのか、今となっては知る由もない。一九四一年、張文環《チャンウェンホァン》＊32と西川満《にしかわみつる》＊33が創刊した文芸誌『文芸台湾』が気に入

＊32 （一九〇九～一九七八）台湾の作家。日本時代に日本語で創作した作家のひとり。文芸雑誌『フォルモサ』を発行。主な作品に『芸妲の家』、『夜猿』などがある。

＊33 （一九〇八～一九九九）作家、詩人。日本の福島県生まれ。三歳の時に父の仕事の関係で台湾へ。文芸台湾を創刊する。主な作品に『赤嵌記』などがある。

らず、新たに『台湾文学』を創刊した際、取次を日光堂に任せたが、三号を出版した後、取次を「清水書店」へと移した。この件で蒋渭川が激怒する。もちろんこれはビジネス上の揉め事ではあるが、「三号雑誌」と呼ばれている（即ち三号までしか発行していない）ような文芸誌の取次を買って出るということからも、日光堂に全く理念がなかったとは言えないのではないか。

いずれにせよ日本が敗戦し、蒋渭川はすぐに中国国民党に入党、書店を「三民書局」と改名した。店の玄関の上に孫文の写真を、下に蒋介石の写真を掲げ、真ん中に「革命尚未成功」[*34]と書き込み、躊躇なく「祖国」への忠誠心を表した。それと同時に政府の要求に応えて「台湾民衆協会」を「台湾省政治建設協会」に改名した。一方で蒋渭川も政治についての批判を公言し、長官公署の不当な政策を指摘し、自ら改善策を提案した。このような行動のせいで彼は訴えられ、「反省文」を提出することと引き換えに禁錮を免れた。

二二八事件発生後、陳儀《チェンイー》[*35]と柯遠芬《クーユエンフェン》ら当局は、民衆に支持されている蒋渭川に対し、社会の不満を鎮めるようにと要請しながらも、陰では軍隊を集結させていた。蒋渭川は事件を処理しながら、長官公署に様々な要求を出している。処理委員会に民間人を入れる必要性、政治機関は改革すること、本省人への差別を無くすべきなどを要求し、アメリカ領事館を通して軍隊は絶対派兵してはな

*34 「革命なお未だ成功せず」

*35 （一八八三〜一九五〇）中華民国の軍人、政治家。戦後、二二八事件時の台湾省行政長官。日本への留学経験を持ち、妻は日本人。

らないと中央政府に電報を送ることをも行なった。しかし、三月九日、警備本部が再度戒厳を発令し、軍隊が鎮圧を始めた。

三月十日、蒋渭川は長官公署へ向かい陳儀に抗議するつもりであったが、出発前に警察がやってきた。書店内を逃げようとする蒋渭川に対して警察が発砲。蒋渭川は難を逃れたが、彼の四女の蒋巧雲が撃たれ、病院に搬送されたが翌日に死亡した。蒋渭川に対して射殺命令が警察に下されていたという。

四月四日、警備本部が書店を封鎖し、「日光堂―三民書局」は幕を閉じた。長い年月を経てようやく、こうした関連資料が明るみになったのである。

Column 1

高雄の独立書店についての思い出

文：謝一麟《シャイイリン》＊36

一葉のサイン入りの写真がある。それは映画監督蔡明亮《ツァイミンリャン》と初めて会った時に一緒に撮ったもので、当時はまだフィルムの時代だった。写真を現像し、その後に会った時にサインをしてもらった。撮影場所は現在の成功路《チァンコンルー》239-1号、高雄漢神《ハンシェン》百貨店の斜め向かい側にある三階建ての一戸建てで、二〇〇〇年にその場所で「好書店《ハオシューディエン》」が誕生した。高雄市婦女新知《フーニュシンチィ》協会を中心に、新聞広告の呼びかけに応えた小株主何名かを加え、女性と親子がテーマ（「女」と「子」を合わせて「好」）の独立書店を開いたのだ。この書店は「独立書店」の近年の定義に忠実に従う高雄においてのさきがけである。興味深いことに、誠品書店は好書店より少し前に、漢神百貨店の地下階において高雄で初出店をしている。

それ以前の高雄では、フェミニズムや社会学に関する出版物に飢えていた。学生時代の私は台北に行けはまずMRTで公館駅へ直行し、「唐山書店《タンシャンシューディエン》」に行き、「女書店《ニュシューディエン》」へ立ち寄ることで、その餓えをしのぐことができたのであった。

高雄医学大学に通っていた頃、キャンパス内の濟世大樓《ヂーシィダァロー》地下にあるB108

＊36　高雄三餘書店店主

室のサークルの部室にたまたま入り、何人かの友達ができた。このB108室はアメーバ詩社、高雄医学大学青年社、女性研究社、環境研究社、思潮社、など五つのサークルが共有する部室であった。そこでは読書会や映画鑑賞などのイベントをよく開催した。冬休みと夏休みはキャンパスを出て、様々な所を訪問し見学した。当時の高雄市婦女新知協会の理事長で好書店の責任者でもある李佳燕《リージャイエン》医師は、女性研究社のOBであった。私たちは女書店をよく訪れていた。二〇〇一年、女性研究社と好書店は共同で、高雄医学大学のキャンパスで大型女性ブックフェアとそれに関連するイベントを開催した。好書店も日常的に講演会や映画上映会を開催していた。私はここで初めてフランスの映画監督トリュフォー（François Truffaut）の『大人は判ってくれない』を見た。蔡明亮の講演を初めて聞いたのもここだった。二〇一三年に三餘書店《サンイュシューディエン》を開いた時も、好書店のことをよく思い出した。学生の私たちにとって、好書店はどこでもドアがずらりと並んだ空間のようだった。一冊の本を開くたび、一回の講演に参加するたび、一本の映画を見るたびに、一つのどこでもドアを開けたように違う世界が広がっていた。好書店のおかげで当時、私のような学生でも多くのことを学ぶ機会を得ることができた。私たちが開業した書店でも、このような学びの機会を人々に与え続けたいものである。

世間の人々が追いつかないほどにさきがけとして突っ走ったせいか、初代の好書店は赤字経営に耐えられず、漢神百貨店を中心とした商業エリアから離れ、高雄市立文化センターの近くの、大統《ダートン》百貨和平《ホエピン》店の裏にある「レインボー公園」の隣の地下室に移転した。長い歴史のある高雄のローカル劇団「南風劇団」と共同でこの空間を借りていた。二代目の好書店は小劇場との連携を深めていき、この地下空間はまるで高雄の文化の秘密基地のようだった。隣の公園の「レインボー」という名前は、この空間が持っているジェンダー社会運動と多元文化の要素とちょうどぴったりと合っていた。しかし、経営はさらに厳しくなり、コスト削減のため、より家賃の安いところに移転することにした。三代目の好書店は、高雄市婦女館（国立科学工芸博物館の向かい側）の二階フロアの運営を引き受ける代わりに、家賃ゼロで高雄市社会局から借りることになった。しかし、本のネット販売が普及し、大型書店チェーンも次々と開業したことで、好書店は二〇〇六年に閉店となった。

　ちょうどその頃、高雄の人口分布にも大きな変化が起こった。北高雄の河堤《ホェティ》団地や農十六区画整理地区、凹子底《アオズィディ》、美術館周辺の人口が急速に増加したことで、この地域では新形態の芸術への需要が増していった。河堤団地の幅はおよそ三百メートル、敷地内は一戸建てがなく、すべて新築のマンションだ（この界隈はかつて水田だった）。二〇〇六年頃には団地内に、明儀書店《ミンイーシューディエン》、政大書城《ジョンダーシュウチョン》、城市書店《チァンシィシューディエン》という三軒の大型書店があり、それぞれ百メートルずつ離れていた。明儀書店は倉庫型の店舗であり、創業者はかつて宏總書局《ホンゾンシュージー》で勤めたことがある。凝った内装はなく、値引き価格で読者に本を提供する。政大書城は台北から進出した書店チェーンであり、豊富なジャンルの本があり、しかも低価格だ。城市書店はこの中では最も独立書店的な店舗である。店内の書籍は従来のジャンル分類の他に、平積みコーナーがあり、そこから個性的な選書センスが伺えた。店内の空間も多様な用途に対応し、展覧会を開催したり、高雄ローカルの芸術家の発掘と支援を行ったりする。例えば、愛河《アイホー》のほとりで活動していたストリートアーティストの「馬里斯《マーリースー》」がまだ無名だった頃、城市書店が彼のために専用の委託販売コーナーを提供した。これを機に知名度が急速に上がり、今となっては全国的に有名なイラストレーターとなっている。しかし二〇一〇年に城市書店は赤字経営のため閉店となり、政大書城は光華路と文化路界隈に移転し、河堤団地の中の書店は明儀書店のみとなった。

二〇一二年前後、文化部は「台湾独立書店推薦地図」を発行した。台湾の各県と直轄市はどこも独立書店が紹介されているが、高雄市だけは紹介されていなかった。独立書店の定義は人それぞれ違う。高雄にも個性的な書店はたくさんある。例えば、文化センター周辺に、英文書籍や映像芸術専門書を主に取り扱っている「書林書店《シューリンシューディエン》」があり、全国唯一のレシピ本専門書店「韓先生書坊《ハンシエンションシューファン》」があり（二〇一一年に経営不振で閉店）、絵本と親子の読み聞かせに力を入れている「五餅二魚兒童書店《ウービンアールユウアールトンシューディエン》」（一九九九～二〇一三）もある。古本屋に関していえば、「百《バイ》冠舊書中心《グァンジュシューチョンシン》」*37と「善理書坊《シァンリーシューファン》」（閉店）がある。他の地域にも歴史ある古本屋が何軒かある。「台湾独立書店推薦地図」には掲載されていないが、高雄における親子の読み聞かせを普及させようという風潮は、どの自治体にも負けていない。

*37　二〇二〇年十月に閉店。

「五餅二魚兒童書店」は絵本の販売以外に、様々な読書イベントを開催し、「讀家文化出版《ドージアウェンホアシューバン》有限公司」を設立、質のいい絵本の企画・翻訳・編集出版を手掛けている。販売と出版の役目を同時に担い、次世代に読書の種をまく。経営難のため一時は店をマンションの一室に移転し、絵本教室としてレッスンとイベントで経営を続けた。その後創立者の林秀華《リンシュウホア》が他界し、讀家文化出版の業務が停止したが、五餅二魚は林秀華の遺志を継ぎ、絵本教室のレッスンを続け、二〇一〇年に高雄文化センターの横に、「小樹的家繪本咖啡館《シアオシューデェジアフイベンカアフェイグアン》」を開店させた。絵本の販売はメインではないが、老若男女問わず歓迎し、訪れる人々に絵本について店主が熱心に紹介し、絵本を読んで鑑賞する喜びをさらに広めていきたいと考えている。このような思いはまさに独立書店の魂ではないだろうか。そして、新崛江《シンシュエジアン》商圏にある「小房子書鋪《シャオファンズシューブー》」は高雄において絵本と児童文学専門書店の代表格である。繁華街にある静かな路地に二階建ての一戸建てが二軒あり、そこを「社團法人高雄市蒲公英故事閱讀推廣協會」として借り、読書を広めるための拠点として事務所にしていたが、その中の一棟を独立書店「小房子書鋪」と、展示空間に改装し、絵本や児童文学をさらに奥深く多様性にみちた角度から紹介している。普段は台湾南部の過疎地の学校への読み聞かせの企画や、祝日の屋外読書推進イベントなどにも積極的に参加している。

二〇一三年、嘉義「洪雅書房《ホンヤーシューファン》」店主の余國信《ユーグオシン》のひと言に触発され、高雄文化センター商圏に「三餘書店」が誕生した。定価で本を販売し、個性的な選書、様々なイベント開催などの経営方針で高雄の読者と交流する。オープン後二年間で、多様な芸術文化サービスと個性的な店に対する高雄の消費者の潜在需要が見えてきた。同年、台北創業の「茉莉二手書店《モーリーアールショウシューディエン》」は高雄でも大型店舗を開業した。比較的人口の少ない高雄南部でも、意外なことに現在は安定した経営を続けている。最近、高雄では次々と個性的な書店が現れている。例えば美濃区《メイノン》の「有間書店《ヨウジェンシューディエン》」は台湾全国の地方出版物を取り揃えており、美濃区の文化交流スペースとなった。左營区《ズオイン》と梓官区《ズーグァン》にも独立書店が開店する予定である。ホテルグループHotel duaは前鎮区《チェンチェン》の「台鋁倉庫《タイルゥサンクゥ》」*38を借り受け、現代風の総合型ショッピングモールとバンケットルームに改装した。その中にも広い書店フロアがある。

もっとも喜ばしい最新情報は、以前河堤団地にあり、二〇一〇年に閉店した「城市書店」が二〇一五年後半、前鎮区中國鋼鐵グループ本部横の付属施設の三階に店を再開したことだ（道路を挟んで向こう側は台鋁倉庫である）。現在、高雄は台湾の独立書店（あるいは個性的な書店）地図から抜け落ちることなく、しかも高雄だけでも充実した多様な高雄個性的書店地図が描けるようになっている。

いくつかの書店は経営を次世代に引き継ぐことになった。新田路《シンティエンルー》の「復興二《フーシンアール》手書店《ショウシューディエン》」の二代目店主の呉さんは、近年自主的に古本屋について調査と統計を行い、「高雄舊書店地図」を制作し、高雄の古本屋のデータと最新情報を高雄市民に提供している。高雄のベテラン歴史文化研究者の父親を持つ湯さんは、

*38　日本統治時代の一九三五年に設立された日本アルミニウム株式会社は高雄に工場を建設。国民党率いる国民政府が台湾に撤退した後、日本アルミニウム株式会社の工場設備を受け継ぎ、国営企業として「台湾鋁業」を設立した。「台鋁倉庫」は台湾鋁業の工場拡大に伴って一九七〇年代に建設されたが、台風や火事で工場は甚大な被害を受け、経営難が続いたことで、一九八七年に廃業。その後長年放置されていた古い倉庫は、二〇一五年に書店、食品販売、レストラン、映画館が入る複合施設に変身した。

二〇一三年に自宅を改装し「等閑書房《ドオンシエンシューファン》」をオープンさせた。店を通して自分の書籍や読書に対する思いを実践する。彼女は前述の「高雄舊書店地図」の制作にも参加している。最近、文化センターの近くの「御書房《ユウシューファン》」アートスペースの裏に、芸術家の黄さんが「左轡二手書店《ズオワンアールショウシューディエン》」を開いた。空間は大きくないが、文学と芸術の古本専門店であり、その一冊一冊は店主のえり抜きの愛蔵書のようだ。これらの書店の存在は、高雄の実店舗書店の多様なる発展を表しているかも知れない。店それぞれに少数の読者に照準を合わせ、各自の専門性を深め、個性的なジャンルに力を入れている。このような動きは高雄の文化の深さと広さを根本から変えることだろう。

これから二十年後に、そういえば二十年前、あの個性的な書店で出会った一つのイベント、一冊の本、一つの言葉が自分の人生に影響を与えたと思い出す人が、きっと多くなるに違いない。

第二篇

言論統制の時代

一，百萬遷徙的悲歌

百万民族大移動の哀歌（一九四〇年代）

一九四五年、日本が無条件降伏を受諾し、第二次世界大戦が終結した。中米英ソらの密約により、台湾の主権が中国に移った。その後、国共内戦が勃発、共産党が中国の統治権を制し、国民党は台湾に撤退する。国民党とともに膨大な数の各階級の中国人たちが台湾に移住した。これは歴史上では「百万民族の大移動」と言われている。

実際には、この民族大移動には、国民党政府による台湾統治後に送還された日本人も含まれる。当時在台の日本人は約四十八万人。[*39] 帰国時に

＊39　在台および帰国者の人数については資料により差がある。

許された所持金は千円のみであった。そのため台湾で不動産を購入し開業した日本人は、自分の事業や不動産を台湾人に安く譲る他なかった。その中には書店ももちろん含まれていた。多くの台湾人がこれをきっかけに書店の経営者となった。新高堂など有名な書店は台湾にやってきた国民党の官僚に引き渡され、民営の会社に移管された。数多くの本が古本業界に流れ込み、台北の牯嶺街《グーリンジィエ》を初めとする古本街の風景が形作られていった。

ただし、「敵勢を根絶する」、「民族意識を強める」ため、新政府はすぐ台湾人の日本語の使用を禁止する[*40]ことに踏み切り、その後も日本語の書籍を大量に検閲した。当時日本語しかできない多くの台湾人にとっては、読める本がほとんどなくなってしまい、古本の売買で経営を維持する書店も少なくなかった。新生中国語書籍の市場は主に上海からの輸入に頼っていたが、戦後の紙不足とインフレーションの影響に加えて、元々輸送が困難なこともあり書籍は高価格になり、ますます読者の手に届かないものとなっていた。唯一学生にとって必要な教科書だけが書籍市場の主力になり、当時、中国の幾つかの大きな出版社が台湾に進出す

*40　一九四六年九月に中学での日本語の使用を禁止。十月には新聞、雑誌の日本語の使用を禁止した。一九四七年には各学校での教職員、学生に対し日本語禁止令も出された。

ることを決めた。その後国民党が台湾に撤退し、これら出版社の本社も台湾に移ってきた。戦後初期の台湾書店業界は、これらの出版社の店舗が支えていた。

世界書局《シィージェシュージー》、商務印書館《シャンウーインシューグゥアン》、正中書局《ヂォンヂォンシュージー》、中華書局《ヂォンホォワシュージー》

第二次世界大戦後、日本植民地政権が撤退し、台湾の主権は国民党政府が引き継いだ。そこで中国大陸で長年経営し、基盤のある商務印書館や中華書局など幾つかの大きな出版社が政治状況の変化に伴い、海を渡って台湾に支店を開いた。まず一九四五年、中華書局が率先して台湾で支店を開いた。本店は上海にあるため、大陸からの商品は上海本店で販売している書籍や文房具などがメインであった。

時を待たずして中国において内戦が再開、国民党政府は台湾への撤退を余儀なくされた。世界書局と正中書局は情勢を考慮し、国民党政府と共に台湾へ移り、「暫定」的に、重慶南路に拠点を構えた。先に台湾で支店を開いた商務、中華を含め、当時は「四大書局」と呼ばれていた。

台湾を中華文化基地にしたいという思いが人々に浸透していたこともあり、台湾商務印書館の経営を担当していた商務印書館の王雲五《ワンウゥンウー》は、有志らと共に「中華文化復興運動」を起こし、陳立《チェンリー》夫《フゥ》が設立した国民党党営事業の正中書局も支持する事を表明した。各書店がその鶴の一声に応じて様々な形でその活動に参加した。台湾商務印書館が中国の古典や学術名著を改めて整理、出版し、大作の文淵閣本『四庫全書』が発売された。正中書局が『國學彙纂』を再版し、「中華文化復興叢書」も編集出版した。その他、中華書局が『四部備要』を出版、世界書局が『永樂大典』をまとめるなど、各書店が中華文化に敬意を表し、新たに整理、編集、纏めて出版することで、

学生たちに恩恵をもたらした。この時期の出版業は盛んで、例えば世界書局は三年連続で二日に一冊のペースで本を出版。台湾の出版業界に驚きと活力を与え続けた。

その他、国家の教育発展の需要に応じるため、主な出版方針は知識中心の参考図書であり、多くの書店も政府が許可した教科書を編集出版していた。また正音国語運動[*41]を推進するには辞典も必要であった。翻訳小説は世界と繋がる架け橋となるので欠かせなかった。商務印書館の「人人文庫」、中華書局の「伝記の家」、世界書局の「中国学術名著」、そして各専攻分野で必要な専門書籍の編集翻訳など、様々な出版物が党国意識[*42]の中の中華文化を反映し、出版史に華麗な一ページを記した。

この頃は書店や出版業界が盛んな時期で、海賊版も横行していたが、堂々としたものであった。というのも「動員反乱鎮定時期臨時条項[*43]」の施行により、共産党政権下の中国大陸の著作権が保護されていなかったためであった。しかし時が過ぎ、状況は変わり、新しい時代の波に呑みこまれるのではないかと感じた百年以上の歴史をもつ老舗書店は、「西洋化」の道を歩み始めた。台湾商務印書館が『OPENシリーズ』、世界書局が『時代彗星シリーズ』、正中書局が『軽経典シリーズ』と『新思潮シリーズ』、中華書局が『中華新知シリーズ』

＊41　中華民国の公用語である国語（中国語）の普及と標準化を推し進めた運動。

＊42　一党制による政治体制。ここでは国民党が統治する国家、国民党による一党独裁体制のこと。

＊43　一九四八年に実施された中華民国憲法の付属条項で、総統の権力強化を図ったもの。「臨時」であったものの一九九一年まで存続した。これにより蒋介石の独裁体制が可能となったとされる。

を出版した。新しい競争環境の中で難局を乗り切るために書籍ジャンルの転換を図ったのだ。

しかし、時間の流れに抗うことはできず、中華書局の店舗は閉店し、台湾商務印書館のビルは看板のみが残り、繁華街から離れた所に新店舗を開いた。いくつかある残りの老舗はあと何年続くことか。同じ時期の啟明書局、その後の三民書局などもみなこの地に集まり、点在する様々な本と新聞販売の露店を含め、一時期、台湾出版物の重要な集散地となった。一九八〇年代に突入し、書店のチェーン化が台頭した後、ネット書店が盛んになるまで、台北市重慶南路は台湾最大の書店街で、百軒以上の書店があったと言われている。また、政治経済の中心地にあることで、政府の教育方針と民族政策の影響も受けた。

商務印書館は中国共産党が大陸の政権を取った後に「台湾商務印書館」に改名した。他の書局も次々と大陸の本店と一線を画し、関係を断ち切った。あの政権分断の時代の中では、双方の政権の正統性を代弁することでもあり、また保身のためでもあったのだろう。

大同書局《ダートォンシュージー》

文：梓書房《ズーシューファン》　曾清慈《チャンイーツゥ》、蔡佳真《ツァイジァチェン》

大同書局の前身は森[◎1]書店であった。賑やかな中山路に位置し、日本人が経営していた。二階建ての木造建築、現在の大同書局と國泰文具行を合わせた広さがあり、店舗の幅は広いが、奥行きは浅い。科学、自然図鑑、文学、ファッション誌など日本語の様々なジャンルの書籍や文房具を販売していた。日本が撤退し、国民党政府が書店所在地の土地を国有化し、建物を二つの物件に分けた。江慶嶠《ジャンチンチァオ》が右の物件を借り、[2]一九四六年に「大同書局」と改名した。國泰文具行の店主が左の物件を借りた。

江慶嶠は一九一八年彰化県永靖郷に生まれた。家庭環境は貧しく、十七歳で就職のため台中へ行き、森書店で販売営業の業務を担当していた。森書店の閉店後、江慶嶠が書店を買収、日本語書籍の販売を続けた。当時の仕入先は台北大陸書店と東方出版社であった。

学生用書籍の需要が多かったため、大同書局は学校教科書の取次を始め、少しずつ中国語書店に転身した。当時の教科書はまだ統一されておらず、各科目の教科書はそれぞれバージョンが異なっていた。[3]大同書局の取次範囲は台中市、台中県、南投県、一番遠いのは南投県の信義郷だった。当時は本を担いで信義郷の学校に行ったそうだ、と江伯佑が父親の思い出を語ってくれた。引退後の父親はよく昔行っていたところを訪れ、思い出に浸っていたという。

江慶嶠の教科書販売はほとんどがボランティアであった。中央書局とはこんな協定があった。「我々の教科書販売は、一冊につき一元の儲けがあればいい。（のち二元に調整した）」。教科書を買いに来た学生のほとんどは教科書を失くしたか、本に問題があるからだ。学生に非がないから、我々もそんなに儲からなくてもいい、と語った。一冊の本に二元の儲けというこだわりがある大同書局は、多くの学生が教科書を買いに来る思い出の場所となった。

戒厳令の時代、書籍の検閲はかなり厳しかった。ある字典の中に「毛沢東」という文字があるだけで裁判所に何度も呼び出され、この字典を販売する書店も巻き込まれた。七〇年代になると党外雑誌[*44]が盛んになり、警察は常に巡回し、禁止されている雑誌を差し押さえ、違反切符を切って罰金を科した。幸い、書店としては仕入れ先へ請求できたため、実際の損失は大したことはなかった。

一九四九年生まれの江伯佑《ジャンボーヨウ》は三十六歳の頃に書店を引き継いだ。一九八九年の教育改革前は、書店の売り上げはかなり良好で、店内はお客さんで賑わっていたという。しかし「一綱多本」[*45]の政策が実施され、経営が傾き始めた。学区制度の施行後はさらに悪化した。書店の所在地である台中中区は学校数が一番少ないため、政策に影響されて客がどんどん減っていった。一連の教科書政策は即座に進み、まず出版業界が衝撃を受け、学区制でさらに小さい書店に打撃をあたえた。現在、大同書局は教科書販売をすることでかろうじて維持している。

書店業界の厳しい未来に対して、台湾人の読書習慣は良いとは言えない。多くの人は書店で本を読むだけで、実際に買うことは少ないと江伯佑は言う。しかし、「本屋が立ち読みするお客さんを嫌がってどうする?」という。書店の未来に関して彼の態度は前向きだ。経営がいくら困難であっても、文化事業が

＊44　中国国民党が一党独裁であった時代に「一党独裁の反対・民主自由化の実現」を目標に掲げた政治組織や個人のこと。

＊45　国の学習指導要領に準拠した教科書を民間が発行する制度。学校はこれらの国に検定された教科書の中から採択する。

その周りの人、あるいは社会にどのような良い影響があるのかを考えなければならない。他の商売の利益には及ばないが、書店をやる限り、この問題にちゃんと向き合わなければならないのだ。

◎1 江伯佑氏は書店の名前をはっきり覚えておらず、ただ日本語の発音が「もり」だとうっすらと記憶していて、「森書店」か「森本屋」だと考えられる。本文では「森書店」を使用する。

◎2 江伯佑氏が所持している家賃の領収書によると、一九四九年四～五月に政府に支払った家賃は八九一六〇元だった。

◎3 一九六八年の九年義務教育の実施後、国立編訳館が小中高の学校教科書の編纂、出版を一括して行うこととなり、毎年、改訂も行うようになった。

◎4 本文はインタビューの内容によって作成した。インタビュー日時：二〇一五年十二月二十二日。聞き手：曾湆慈、蔡佳真　語り手：大同書局・江伯佑

牯嶺街《グーリンジイエ》の露店古本屋

文：荒野夢二《フォアンイエモンアール》店主　銀色快手《インスェクアイショウ》

●私の牯嶺街印象

私と同じ一九七〇年代初期に生まれた人たちは、まだ覚えているかも知れない。中学生の頃、放課後はいつも公園路から南昌街まで歩いてバスに乗り、愛国西路、菸酒公売局と南海路交差点（台北・中正紀念堂南部辺り）を経て家に帰る。近くでぶらぶらして自助餐《ズージューサン》*46でご飯を食べてから塾へ行くこともあった。塾のクラスメートの父親は牯嶺街で理髪店を営んでいた。たまに彼の家で髪を切ってもらった。あの頃の牯嶺街の古本屋の大半は光華商場*47へ移り、今では郵幣社《ユウビーシャー》*48の方が多い。切手や各国貨幣と紙幣を集める人も少なくないが、古本屋巡りが好きな人は更に多い。僅かに残っている木造の日本家屋*49が、牯嶺街の緑豊かな街角に佇んでいる。あるものは老朽化のため水漏れがひどく、あるものは湿気で建物の主要構造がボロボロになっている。所有者はすでに引っ越しており、扉には鍵がかかっていて、窓は板でふさがれた半廃墟状態で残されている。

私にとって一番印象に残っているのは松林書局《ソンリンシュージー》である。店主はいつも店の前の木の椅子で涼んでいた。店内の本はあっちこっち山のように積まれており、歩くところすらなく、本の整理もできず、ジャンル別で本を探すのは至難の業。

*46　バイキング式の庶民向けのご飯屋さん。

*47　当初、地下鉄忠孝新生駅付近に建てられた商場。現在は地上六階、地下一階のビルとなり、当初の地点よりやや北に位置する。電気製品、電気部品、CD、DVDを扱う店が多いが、古本屋も何軒か残っている。

*48　切手や貨幣紙幣を買取、販売する店。

*49　日本統治時代、この辺りには日本の官僚や教職員関係の宿舎が多くあった。

店内でお宝さがしをするにはちょっとした工夫が必要である。はっきり言えば力仕事だ。マスクと軍手と汗拭き用タオルを一枚用意すれば、宝の山へようこそである。この辺りは文教地区であり、政府機関も数多くある。買い取られた古本の年代は日本植民地時代にさかのぼる。民国初期の出版物や明清時代の和綴じ善本もあり、値段も安く、古本の収集家にとっては聖地のような街である。

牯嶺街の歴史をさかのぼると、昔日本人がここで樟脳工場を開き、専売事業を営んでいた。地名を龍口街から佐久間町一丁目〜三丁目に変え、日本人専用の住宅地にした。第二次世界大戦の終結後、これら住宅はほとんど国民党政府に引き取られ、国営企業や教職員の宿舎に当てられた。戦後、条約によって日本人は全員、強制退去しなければならなかった。しかも日本に持ち帰ることのできるものは厳しく制限されたため、できるだけ現金化したい気持ちから、街に出て、お金になる生活用品を売ったりした。一つでも多く売るため、価格はどれも安かった。台北駅と西門町付近にはこのような露店がそこら中にあったのだ。

一九四九年、再び牯嶺街に改名。数多くの露店が出現し、日本人が捨てた日本語書籍、歴史的遺物、欠陥の芸術品、古着や生活用品などを販売した。あるものは三輪車で物を運びそのまま店とし、あるものは新聞紙を道ばたに敷いて

近年の松林書局。現在はリニューアルがされたとのこと。

販売し、あるものは簡易の木製本棚を家屋の壁に寄りかけて商売をした。これが牯嶺街最初の風景である。時が経つにつれ、古本の露店が増え、そのまま土地を自分のものにした者もいた。このように牯嶺街は台北で有名な古本集散地となった。現在よく行なわれている牯嶺街の手作り市よりも、人の往来の多かったあの時代の方が牯嶺街は賑やかだった。全盛期の露店は百六十軒以上もあったが、現在は三、四軒が細々と営んでいるのみだ。まるで読書の最後の灯りが消えないように踏ん張っているかのようだ。

私たちの中学校時代、楊徳昌《エドワード・ヤン》監督が映画『牯嶺街少年殺人事件』を撮影し、当時の露店の古本屋が一角に映された。それは遠い昔の記憶と少年時代の浪漫が混ざりあい、過ぎ去りし古本露店時代の光景が保存された、あの時代を思い出させるかけがえのない映像であった。

二，緩步出發的歲月

ゆっくり歩き出す時代（一九五〇年代）

五〇年代の台湾では「反共復国」のスローガンが掲げられ、戒厳令が敷かれた。政府への様々な批判はすべて通匪叛国[*50]の罪名が与えられ、民衆の知識に大いに影響する書籍も厳密に監視される要点の一つとなった。反政府の疑いがあるものや内容が「赤、黄、黒[*51]」に当てはまるものはすべて禁書とみなされた。五〇年代の台湾社会は白色テロ[*52]の厳しい雰囲気に包まれた。書店が販売できるのは学習書の他、ほとんどが反共産主義文学や店の裏にこっそり隠れているアダルト系書籍だった。

*50 敵と繋がり国を裏切るという意味。

*51 赤は共産党関連、黄は性的描写を含むもの、黒は闇情報を意味している。

蒋渭川の「三民書局」が一九四七年に幕を閉じ、新しい「三民書局」が一九五二年に開幕した。五〇年代、台湾高等教育が発展するにつれ、主に大学向け教科書を出版していた三民書局はあっという間に台湾の大型出版社に成長した。その店舗も台湾の中で蔵書が一番多い新刊書店となった。

一方、人口の急激な増加によって、台湾各地の文房具と本への需要も増加した。このような需要から地方の「書店」もたくさん現れたが、それらは文房具販売が本業であった。販売している書籍は通書、善本がメインで、その他、最も多いのは辞書や雑誌であったが、その後、聯考《リイエンカオ》＊53の実施と瓊瑤《チョンヤオ》＊54の出現によって、ようやく本の販売が書店の本業となった。

実際、本を売るという商売は、経営者の心持ちひとつである。例えば、五〇年代の末期から、ある詩人が自分の小さな露店を構え、世間との争いを避け、執筆をし、本を売っていた。彼は自分の店舗を持つことはなかったが、この露店は台湾書店業界の中でも最もロマンを感じさせたものの、理解されることの少なかった、毅然とした生き方を示した物語であった。

＊52　二二八事件（＊26参照）以降、三十八年もの長きにわたり戒厳令が敷かれ、国民党政府は言論を厳しく制限し、反体制派を弾圧した。戒厳令解除後の一九九一年に公開された映画『悲情城市』（侯孝賢監督）は、二二八事件を扱った台湾で初めての映画として有名。

＊53　大学統一入試。

＊54　台湾の恋愛小説家。多くの作品が映画やドラマ化され、六〇年から九〇年代に一世を風靡した。主な作品に『一簾幽夢』『還珠格格』がある。

三民書局《サンミンシュージー》

物語はこのように始まったと言う。ある二十二歳の若者が読書書店（遠東図書の前身）で二年間勤め、雑務をこなしながら勉強していた。彼は出入りする本の奥に秘められた何かを見出した。その多くは自分が触れたことのない知識であり、当時の書店がまだ開拓していない領域であった。彼は思い立ち、資金を集めて本屋を開こうと友達を説得した。実用的な知識を伝達するのと同時に、自分の儲けにもなる。彼が口を開くと、物事が動きはじめた。

しばらくすると、出資した三人は台北の衡陽路（台北駅南部辺り）に普通の店舗の半分にも満たない窮屈な空間で開業した。少し貧乏くさいが、がむしゃらに頑張って行く雰囲気があった。このように、「三人の平民」が設立した「三民書局」が「無謀」にも台湾戦後の書店史に乗り込んだ。二十坪足らずのスペースには、他に虹橋書店もあり、文房具や切手、万年筆を販売する商人も何人かおり、みんな同じ空間に詰め込まれていた。三人が集めてきた本棚一つが店内の一角に置かれたが、ほとんど人目につかなかった。

書店を開業すれば、もちろん本を売らなければならない。しかし本はどこから仕入れれば良いのだろうか。上海や香港から書籍を仕入れ、台湾の個人客に販売するのが三民書局の元々のビジネスモデルであった。しかし、その後台湾と中国の政権が分かれ、上海の書籍を取り扱うことが困難となり、香港の書籍の輸入も禁止された。台湾現地の商務印書館、中華書局などの書店から本を仕入れると、利益は大幅に減り、本の種類も限られてくる。苦境から脱却するため、リーダーである若者は書局の移転をひそかに準備し、店舗と出版の両立に適した他の物件を探していた。

一九六一年、三民書局の新しい店舗が決まった。重慶南路一段七十七号だ。

移転は書店経営に出版の優位性を加えるためであった。仕入れの問題を解決するとともに三民書局の品揃えを充実させる狙いもあった。しかし、どんな本を出版するのかはじっくり検討しなければならない。彼から見ると「法治」は現代社会における重要な概念であるため、真っ先に紹介しなければならなかった。三民書局は法律政治関連書からはじめ経済書、その後中国語、教育、宗教など人文系書籍も出版するようになった。この時三十歳を過ぎ、実業家と言えるリーダーの彼は、作家仲間から見ると、作品の加筆修正に合わせて再編、再版を可能にする出資者でもあった。彼は出版が決まると作者に原稿料を先払いすることで、執筆に専念できるようにした。三民書局の大学用書コーナーには淡い黄色の背表紙がずらりと並ぶ。その光景は多くの人の、学生時代の記憶に刻まれていることだろう。

今まで三民書局は百種類以上の古典現代語訳、エッセイ随筆と評論が収録されている「三民文庫」、そして「三民叢刊」や「世紀文庫」などのシリーズ本を出版した。また特筆すべきは、十四年に渡って編集改訂した『大辞典』である。三民書局のリーダーは『大辞典』のために活字の自社製造を決断し、明体、黒体、楷体、宋朝体、方仿宋、小篆、六種類の字体の活字を作り、三民書局の出版物は字体から他の出版社と区別することができた。膨大な活字製作工程には気概が必要であり、毅然とした決意を示していると言える。またこれは、経済成長期だからこそ見られた行動でもあったのだろう。

三民書局はこのように始まった。

一九五三年七月十日、この三人の若者、劉振強《リュウチェンチァン》、柯君欽《クーチュンヂン》、范守仁《ファンショウレン》が勢いで書店を始め、その後、柯氏と范氏は他の道に歩み、書店の歴史に足跡を残さなかったが、三民書局は存続している。一九七三年に東大図書[*55]を設立し、一九七五年には三民ビルが開業した。一九九三年に本社を復興北路に移転し、三民書局の二軒目の店舗が設立された。一九九六年にはネット販売に参入する。それでもなお、重慶南路に六十年以上佇んでいる三民書局は、書店街の最後の目印とも言えるであろう。

南方書店《ナンファンシューディエン》

文：彰化紅絲線書店《ジァンファホンスーシェンシューディエン》　林虹汝《リンホンルー》

彰化は忘れられた古い街である。ここの住民はみんな同時に記憶喪失を患ったようで、必ず異郷で自分のルーツを探す過程を経験する。この忘却の古い街に、南方書店が静かに佇んでいる。鉄道駅の隣のバス停は学生がバスを待ち、

*55　三民書局の関連会社。主に哲学、人文、芸術などの書籍を出版する。

三民書局

人々が行き来する場所である。外から見ると、南方書店は幼い頃の記憶の中によくある文具店兼書店だが、入ってみると、ここは私たちのために古い街の記憶を保存する箱なのだと気づく。

南方書店は現在の経営者、陳潤星《チェンルンシン》の父親、陳川鏡《チェンチュアンジン》が一九五五年に設立した。当時、店舗は鉄道駅の目の前の光復路四十二号であったが、番地再編のため、住所が百四十四号になった。二〇〇七年に現住所に移り、第二代目の陳潤星が引き継いだ。移転はしたが、相変わらず駅の近くで、家族の生活も書店と強く繋がっていた。初代経営者の陳川鏡は二林鎮出身、妻の許秀芬《シゥシウフェン》は日本統治時代の台湾文化協会重要幹部、許嘉種《シウジィアチョン》の娘であった。書店を「南方」と名付けたのは、許乃昌《シゥナイチアン》（許秀芬の兄）が東方出版社の支配人であったことと関係があるのだろう。陳潤星は幼い頃の記憶の中の祖父、母親とおじさんへの印象をたどってこう推測した。

穏やかで、世間と争いごとを起こさなさそうな南方書店であるので、当時『夏潮』などの党外雑誌を販売し、雑誌『銀星』も出版していたことは想像し難いだろう。『銀星』はわずか数号のみの発行だったが、当時は流行文化の最先端を走っていた。『銀星』の最後のページの発行者：陳拱星は、すなわち初代経営者の陳川鏡であった。この老人は一体何者なのかと思わずにはいられない。この南方書店の初代オーナーは剣道界の大先輩でもあった。台湾の剣道協会の雑誌『剣道会刊』を創刊し、それは台湾において大衆メディアで剣道を公に議論する始まりだった。

初代の陳川鏡から二代目の陳潤星へ、南方書店の存在は台湾印刷業界、出版業界、書籍取次商と出版業界の戒厳時代から解厳時代への変化を見届けた。書店の経営も時代の変化に伴って調整した。戒厳時代の商品は参考書がメインで、参考書の自社出版も行った。戒厳令が解かれると、台湾の書籍出版量と読書人口が増え、書籍市場が最も活気のある頃には、七、八人の従業員を雇い、取次を通さずに出版社や大きい書店と直接取引もできた。

同じ時期に彰化にはたくさんの老舗があった。新進書局、世界書局、大成書局など。陳潤星はこの街の過去の書店風景や書籍業界の川上と川下の変化を語り、彼の言葉を通して当時の街の光景がぼんやりと目に浮かぶ。彼は書店とこの街の強い繋がりの証しのようであった。

「時間は無敵だ。」

南方書店を通じて歴史を追憶する陳潤星はこの古い街の語り部である。南方書店だけではなく、人々はみんな様々な物語を持っていることを彼は教えてくれた。奥さんが元気よくお客さんに挨拶する声を聞き、この空間が醸し続けている、人と書店の親密な関係を感じた。書店とは時に都市の変遷を目撃する傍観者であり、時にその変化に関与する創造者でもある。

市街改正の時、碁盤の目の街路が都市の景観を断ち切り、戦後政権の激変が都市の歴史を引き裂いた。遠い昔、文化協会が彰化で讀報社《ドゥバオシャー》*56を設立し、病院の中でも時事について議論が交わされた。それらの声が真空パックに凝縮され、

*56 民衆を啓発するため各地に設立した図書館のような機関で、台湾、中国、日本の書籍、新聞、雑誌があり、自由に閲覧でき、自分で読めない人のために朗読や解説する人も常駐していた。

歳月の流れの中で物音一つ立てなかった。今それが「ぽっ」という音とともに開けられ、古い書店に新鮮な空気が流れ込み、彰化という都市もゆっくりと目覚めはじめたようだ。

周夢蝶《チョウモンディエ》の露店

明星珈琲館《ミンシンカーフェイグアン》*57の前にあったという露店の小さな本屋は、文化芸術を好む多くの若者にとって、噂としてよく耳にする存在である。それは「台北一、美しい人文的な風景」であると言われてきたが、時代背景を顧みると、この「美しい風景」はちょっとした「悲しい」色彩を帯びている。

一九五五年ごろ、国民党の政府軍と共に台湾へやってきた周夢蝶*58は軍隊を退役する。当時、政府は反共抗俄*59のスローガンを大々的に訴えてはいたが、具体的な動きは一つもなかった。配られた戦士授田証*60はすでに換金不能な小切手のようなものであった。妻も子供も中国大陸に残し、すでに三十五歳であった独り身の彼は、今後の生活をどうすればいいのか分からなかった。

書店の店員、小学校の教員、墓地の管理人まで、職業を転々とした周夢蝶の

*57　Café ASTORIA。一九四九年に大陸から逃れてきたロシア人が開業したカフェ。台北駅からほど近い場所にあって、周夢蝶、黄春明、林懐民といった文学者が集った。

*58　（一九二一～二〇一四）河南省生まれ。台湾の詩人・作家。

*59　共産主義に反対（反共）し、ロシア、当時の「ソビエト社会主義共和国連邦」からの浸透侵略に抵抗（抗俄）すること。「俄」はロシアのことを指す。

*60　中国大陸が光復したら、軍隊で二年服役した軍人又は戦死した軍人の家族に畑を授与するという引換券。

生活が、順調ではなかったことは察することができる。一九五七年、彼は重慶南路で露店の本屋を始めたが、許可を得ていなかったため、警察の取り締まりをよく受けた。二年後、彼は露店を武昌街の明星珈琲館の前に移した。オーナーの奥さんは彼に対して好意的で、オーナーは彼のことを黙認していた。その後、営業許可を得ることができ、彼はそのままそこに居つき、二十一年もの歳月が流れていった。

　露店をやるのはもちろん生計を立てるためだが、重慶南路周辺にあった本屋とは違い、周夢蝶の本屋は詩集と文学性の高い本だけを扱っていた。この手の本は、やはり売れ行きはよくなかった。彼の二冊目の詩集『還魂草』が完成し、文星書店に原稿を渡したが、なかなか出版してもらえなかった。李敖《リーアオ》*61は周夢蝶にきっぱりとこう言った。「蕭孟能《シャオモンノン》*62は詩には興味があるが、出版する度胸はない」と。文星書店のような文化や思想を重視し、これほどの規模の出版社ですら詩集の出版にはこんなに躊躇するところを見れば、周夢蝶の本屋の経営がどれだけ厳しかったのかが窺えるだろう。

　この状況に対して、周夢蝶は前向きだった。「毎日三十元の利益があればセーフだろう」。しかし台湾作家の季季《ジージー》（一九四五〜）によると、一九六四年に彼女は周夢蝶から一冊の『現代文学』を買ったことがあった。五元五銭を支払っ

*61　（一九三五〜二〇一八）台湾の作家。ハルピン生まれ。一九四九年台湾へ渡る。

*62　（一九二〇〜二〇〇四）文星書店の創業者。詳細は本文「文星書店」も参照。

たそうだが、それは決して儲けがある値段ではなかった。明星珈琲館のオーナーもこんなエピソードを教えてくれた。周夢蝶が一度、失神していたことがあり、目が覚めるとこう訴えたという。「三日間、本が一冊も売れなかった。何も食べていない。あまりに空腹だ」と。当時、明星珈琲館のコーヒー一杯の値段は六元であった。

しかしながら露店は二十一年続いた。一九八〇年に周夢蝶が胃潰瘍で手術をし、露店は閉店しなければならなかった。この二十一年間、ある者は周夢蝶を慕って訪れ、ある者は明星珈琲館の二階で周夢蝶にコーヒーを奢った。後に毎週水曜日の文学集会まで結成されたが、集会での周夢蝶はあまり喋らなかった。いつも最後に言いたいことを紙に書き、参加者に回覧するだけであった。

周夢蝶は二〇一四年に亡くなり、ありし日の「明星珈琲館前の詩人露店」は多くの人が周夢蝶を偲ぶロマンチックな伝説となった。しかし、本屋経営者の観点からすれば、二十一年間、露店を一つ構え、価値があることと信じつつ、なかなか売れない本を売るということは、これっぽっちのロマンもなかったであろう。あるとすればそれは少しばかりの苦行であった。その少しばかりの苦行は、今日我々が独立書店を語る時に、最も重要で、最も忘れがちなことなのかも知れない。

三，海盜王國的無奈

海賊版王国となってしまった時代（一九六〇年代）

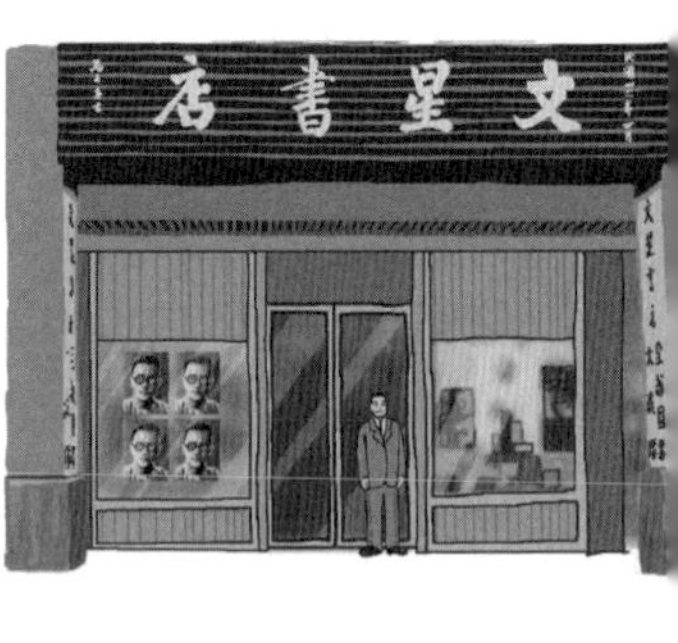

五〇年代には朝鮮戦争が勃発し、台湾はいわゆる「自由主義陣営」の要塞となった。アメリカは資金援助のほか、台湾の防衛のために軍隊も派遣した。六〇年代のベトナム戦争で台湾は、米軍の「休憩所」となった。当時の台北・中山北路界隈は歓楽街であり、英語本の翻訳、出版と販売も盛んであった。現在でも水商売の店はすべて消えたわけではないが、書店の多くはすでに閉店している。しかし、あの時代をきっかけに発展する書店もあり、それは現在の台湾にとって重要な大型書店の一つとなった。

しかしながら五〇年代の「自由の要塞」では、白色テロの言論検閲がまだ行われていた。

六〇年代はじめ、台湾における最大の政治事件である、雷震《レイチェン》[*63]らの『自由中国』[*64]事件の影響によって、一九五二年に設立された文星書店が出版した雑誌『文星』の内容が、警察に強く干渉され、しまいには営業停止を命じられた。もちろんこの事件に政治的な意図があったのかは分らないが、文星書店は出版事業、西洋の学問の導入、そして後期の批判的な立場で、台湾書店の歴史の中に重要な一ページを占めることになった。

検閲は依然として厳しかったが、教育の普及や経済が発展するにつれ、台湾の出版市場はもう教科書だけでは満足できなくなっていた。五〇年代後半、西洋の文学と思想の導入をきっかけに、出版社も翻訳作品が売上を伸ばすのにいい商品だと気づいた。六〇年代に入り、『皇冠雑誌』で有名な皇冠出版社、児童書で有名な東方出版社は次々と「無害」である翻訳書市場に進出した。『リーダーズダイジェスト』の中国語版の発売も書籍市場を席巻した。この頃に創業した新しい出版社もほとんど翻訳書からスタートしている。そんな中、古本屋から始まった志文出版社は、この書店史においてかけがえのない存在である。

*63 （一八九七〜一九七九）中華民国の政治家・評論家。雑誌『自由中国』の創刊者の一人。

*64 一九四九年、胡適、雷震、王世杰、杭立武らが創刊した雑誌『自由中国』は当初、国民党の支持を得ていたが、しだいにその関係が悪化。「民主反共」の立場から政府批判を行うようになる。この事件は、一九六〇年に「共産分子の宣伝をした」として雷震が逮捕され十年の懲役に処せられた事件を指す。

敦煌書局《ドゥンファンシュージー》

敦煌書局は現在でも大学の中に店舗を持つ有名な書店チェーンである。もちろん、キャンパス内だけではなく、台北、新竹、台中、彰化、嘉義、台南、高雄などの街でも店舗を構えている。キャンパス内と中部、南部地方の敦煌書局はほぼ中国語と英語の本を取り扱っているが、北部地方の敦煌書局は英語書籍専門店となっている。

ホームページによると、一九五二年に設立した敦煌は、元々中山北路で洋書とレコードを販売する書店として開業した。当時はちょうど朝鮮戦争の勃発により、米軍顧問団が台湾で正式に設立されて間もない頃であった。その後、駐台米軍の人数の増加や、台北米軍本部支援司令部が設立され、中山北路と民族東路界隈は米軍が出入りする地域となった。米軍の生活の様々な需要に応じるため、商店も次々に発展した。

書籍もその様々な需要のうちの一つであった。洋書の需要があれば、それを販売する店が存在するのは不思議なことではない。また当時は、洋書を勝手にコピーする事は、特に違法なことではなかった。コピー本を輸出する者すらいた。五〇年代の時代背景の中、敦煌書局は中山北路でひそかに洋書を販売していたが、まさか六〇年代中期以降の事態の変化については想像もつかなかったであろう。

一九六一年にジョン・F・ケネディがアメリカ大統領に就任した後、ベトナム戦争が激化し、ベトナムに派遣された米軍も増加した。米軍の娯楽を考慮し、米軍顧問団は一九六三年に中山北路で「台北米軍招待所」を設立、駐ベトナム米軍の休暇の世話をするサービスを提供していた。一九六五年、リンドン・ジョンソン大統領の時代にベトナム戦争が全面的に勃発、来台米軍はさらに倍増し、一九七〇年前後には二十万人に達した。そのため中山北路で米軍向けのサービス業が多く出現し、台湾において外貨を稼ぐ功労者となった。

本の売れ行きも日に日に好調であった。特にコピーの洋書の価格はおよそ原書の四分の一しかないため、米軍や外国人観光客は値段を気にすることなくどんどん買っていく。敦煌書局の社長によると、一九七〇年ごろに中山北路三段八十号から百号の間に敦煌、嘉新、泛美、金山、四軒の洋書専門の書店があったという(『天下雑誌』一〇四号より)。当時の繁盛ぶりが窺える。しかし、中華民国の国連脱退、ベトナム戦争後期の米軍撤退などに伴い、駐台米軍も激減した。一九七八年、中華民国とアメリカは断交を決定し、台湾の米軍顧問団は過去のものとなり、中山北路の洋書伝説も幕を閉じた。

八〇年代、台湾は著作権法を改正、「著作物であれば登録しているかどうかに関係なく、著作権法によって保護される」という創作保護主義を採用し、洋書のコピーが違法行為となった。他の書店より敦煌書局は明らかに先見の明があった。一九七五年に株式会社として規模を拡張し、言語の教材や字典などの参考書籍の出版と販売に力を入れた。八〇年代後半になると敦煌も支店を展開し始めた。九〇年代はさらに大学構内の店舗を発展の軸として進めた。敦煌書局はこの戦略のおかげで、六、七〇年代の洋書の輝かしい時代が閉幕した後も、他の洋書店のように店をたたむこともなく、持続的な発展を遂げていった。

文星書店《ウェンシンシューディエン》

衡陽路と重慶南路の交差点付近、今でもある二棟の赤レンガ建築（衡陽路十五号、十七号）は五〇年代に文星書店が設立された場所であった。創立者は蕭孟能《シァオモェンノン》と朱婉堅《ジューワンジェン》だ。蕭孟能の父、蕭同茲《シャオトンツー》はかつて国民党の中央委員で、中央通訊社の社長も務めたことがある。しかし、毛沢東と親交があったせいか、台湾に来てから重役を任されることはなかった。権力も財産もない家庭に生まれた蕭孟能は自分の力で努力するしかなかった。

一九五一年、蕭孟能は衡陽路で小さな露店を借り、本屋を開くという十代からの夢をかなえた。一年後、文星書店は衡陽路十七号に店舗を構える。経営的には洋書と雑誌の輸入を行っていたが、主な販売は英語書籍のコピー本であり、中でも特に学生が使用する英語の教科書であった。文星書店の経営はすぐに軌道に乗り、次の段階に進むことになった。

一九五七年十一月、「生活の、文学の、芸術の」を標榜する『文星』雑誌を創刊した（第二十五号［一九五九年十一月］から「思想の、生活の、芸術の」に変更）。この雑誌は、初めは葉明勳《イエミンシゥン》[*65]が発行人、蕭孟能が社長、何凡《ホェーファン》（夏承楹、即ち林海音の夫）が編集担当、林海音《リンハイイン》*66、陳立峰《チェンリーフォン》、余《イウ》光中《グァンチョン》*67らがコラムを執筆し、毎回違う世界の著名人を表紙に載せ、当時の文化界において極めて重要な出版物であった。その二年後、『文星』の発行部数は四千部に達した。

雑誌以外に文星書店は書籍の出版も始めたが、本格的に大量出版したのも、雑誌の中の言論が政治問題に巻き込まれたのも、六〇年代に入ってからだった。五〇年代の文星書店が初めてトラブルに遭ったのは、一九五九年に『ブリタニカ百科事典』をコピー発行したことにより、アメリカの出版社に訴えられたことだった。このことが大きなきっかけとなり、二十年にもおよぶ著作権法の改正が始まった。しかしこの事件で文星書店が全くの無傷で逃れたことによって、六、七〇年代において台湾が「海賊版王国」として名を馳せてしまう要因となったと言えるのかも知れない。

一九六二年から一九六四年にわたり、文星は『中国現代史料叢書』、胡適訳のシェイクスピア全集も収録された『文星叢刊』、延べ一〇一冊からなる『古今図書集成』などを出版し、その出版総数は驚異的であった。六〇年代に入り、『文星』誌上の言論が激しくなり、台湾の長老支配をも批判した。特に李敖《リィアオ》、居浩然《ジゥハオラン》らが、胡適の全般西洋化論を支持する文章を掲載したことで、その後二

*65 （一九一三～二〇〇九）福建省生まれ。ジャーナリスト・中華日報社社長・世新大學董事長などを歴任。

*66 （一九一八～二〇〇一）作家。大阪生まれ、北京育ち。一九四八年台湾へ。主な作品に『城南旧事』などがある。

*67 （一九二八～二〇一七）南京生まれ。一九四九年台湾へ。詩人、作家。

年間も続くことになる「中西文化論争」[*68]が起こるきっかけとなった。このため雑誌の発行部数は大幅に増えたが、葉明勳と何凡の編集業務を引き継いでいた陳立峰がこれにより退職した。この論争は立法院で取り上げられ、裁判沙汰にもなったが、『文星』は「進歩青年」の代名詞となり、六〇年代には流行の最先端となった。

一九六五年、『文星』第九十号に「陳副総統[*69]による中国共産党国家転覆書類のマイクロフィルム作成」という一文を掲載した。そこに載せられていた「中華ソビエト共和国婚姻条例」の原文写真が「共産党の宣伝になる」との理由により警察に差し押さえられた。その後九十七、九十八号も取り締まりの対象となり、出版前の第九十九号も差し押さえられた。そして十二月二十七日、『文星』は一年間の発行停止を命じられた。

一九六六年、文星書店を続けるために株式会社へ転換することを余儀なくされ、蕭同茲が代表取締役に就任した。蕭孟能は『文星叢刊』編集長の名義で会社に留まったが、蕭孟能は国民党員ではないため、彼の「言動」は蕭同茲が「監督管理の責任を持つ」こととなる（淘恆生『六十年代出版界の奇才―文星書店』より）。しかし禁止令の一年間が過ぎ、文星書店が再び雑誌の出版を試みると、国民党本部から「復刊は不適切である」との通知が届く。

*68 中国伝統文化に対して、西洋文化とどう向き合うか、についての論争。

*69 陳誠のこと。（一八九七～一九六五）政治家、軍人。

この時、文星書店は峨嵋街五号の一に移転し、蕭孟能はさらに書店の二階に「文星画廊」を開業したことで、再び文芸界の一大ニュースとなった。しかし、一九六八年初め、警察からの捜査によって「共産党に関する小冊子」が二、三冊発見されたため、文星は閉店を余儀なくされた。蒋経国《ジャンジングォ》*70が「文化界の毒草」のような文星書店を根絶するためだったと後に言われているが、実際はどうであったのか。それは興味のある者が究明すればいいだろう。

一九八六年、『文星』は一度復刊したが、一九八八年六月に再度休刊した。今回は明らかに政治の介入ではなかった。社会環境の変化の中、『文星』はもう当時の人々が求める最高の文化の伝達者にはなれなかったようである。

*70 (一九一〇~一九八八) 蒋介石の息子。一九七八年中華民国の総統となる。一九七三年に道路、鉄道、空港、湾港、などのインフラ整備、いわゆる十大建設を提起した。

長榮書局《チャンロンシュージー》(志文《ジーウェン》出版社)

「そんなに本を読むのが好きなら、本屋をやったら!」

この言葉は恐らく本好きの人が一番よく聞く冗談であろう。冗談だからこそ、本気で本屋を始める者などほとんどいない。ここで「ほとんど」を使うのは、本当にやった人がいたからである。

一九六三年、ある台北の人力三輪車の車夫は、暇さえあれば本を読んでいた。お客さんに声をかけられれば本を席の下に押し込んで客を乗せて走る。お客さんがいなくなれば、また本の世界にのめり込む。辺りにいた古本や古新聞、酒瓶回収を仕事にしていた友達に、本屋をやれとそそのかされ（仕入先は俺が何とかするから心配無用だ！　と友達はきっと車夫に保証でもしたのだろう）、意外にも車夫は実際に書店を開いてしまったのであった。

　これは志文出版社の編集長曹永洋《サァオヨンヤン》が教えてくれた話である。その車夫はほかでもない志文出版社のオーナー張清吉《チャンチンジー》である。当時、張清吉は臨沂街と信義路の交差点付近に貸本と古本売買の書店を開き、「長榮書局」と名付けた。書店の収益は悪くなかった。張清吉は和平東路、羅斯福路、中華路などにも店を展開したことがあり、最後は重慶南路界隈で、文星書店の隣に店を開いた。

　そして、またそそのかされた。今度は林衡哲《リンヘンジャ》という医学部の学生であった。林衡哲は彼にこう言った。「もし古い本を再編集して、千部印刷すれば、さらに千人もの人に読んでもらえるじゃないか」。

　張清吉はまたそれを心に留めた。ちょうどその時、ある者が書き終えた『天下秘聞』という本を自費出版した。

　この本は意外によく売れた。張清吉はさらに「新知書店」の名義で林語堂《リンイゥタン》[*71]の本や流行っている洋書の翻訳本を出版する。どれもすぐ版を重ね、長榮書局にもかなりの収益が入った。しかし林衡哲がまたやってきて言った。「これらの本を出版したって面白くない。儲け以外にあまり意味がない。人は死して名を残し、ヒョウは死して皮を残す。あなたはもっとレベルの高い、社会にいい影響を与える有益な本を出版しなければならない」。張清吉はまたそれを真に受け、その結果、台湾社会の啓発に非常に重要な意味のある図書シリーズが出版された。それが「新潮文庫」である。

一九六七年、「志文出版社」の名義で出版された新潮文庫の一冊目と二冊目『ラッセル回想録』と『ラッセル伝』は林衡哲が翻訳した。出版後は好評を得て、張清吉も陳鼓應《チェングウィン》や殷海光《インハイグァン》などの学者から評価された。公学校しか出ていない張清吉にとって、この上ない激励であったことは言うまでもない。彼がまだ古本の商いを行っていた頃、学生に販売したいくつかの希少な禁書は安すぎたと気づいたが、しかし後から考えてみると、張清吉は「彼らがいなければ、僕もどんな本が売れるのかわからなかったではないか」と思い直したという。

張清吉が知識、また知識人に対しても、非常に敬意を抱いているのは明らかだった。これは志文が出版した本からも窺える。本を出版する前に、張清吉はいつも作者の生い立ちを調べて年表を作成した。張清吉が言うには、読者に作者のことをもっとわかってもらうためだったが、敬意がなければこんな手間をかけることはないであろう。

あれからずいぶん時が経ったが、今でも書店で志文の出版物を探す人はいる。

*71 （一八九五～一九七六）福建省生まれ。作家、言語学者。主な作品に『北京好日』などがある。

新潮文庫

面白いことに、多くの人は「志文」という名前を知らずに「新潮出版社の『サルトル自伝』がほしいんだけど。あ、あと『悲劇の誕生』もね」といった具合に店主に尋ねる。「新潮文庫」がどれだけ本好きの人々の心の中に浸透しているのかが窺えるだろう。

最後に特筆すべきなのは、「新潮文庫」が第一歩を踏み出した時は、ちょうど文星書店が幕を閉じた時だったということだ。閉店セールでの黒山の人だかりを目の当たりにして、隣の長榮書局にいた張清吉は本屋がいい本を出版する価値と意義を感じた。これをきっかけに、張清吉は出版という戻れない道を歩むことを決意した。実は、当時の「志文出版社」は正式な出版社ではなく、書店の影みたいな存在であった。一九七五年にやっと正式に開業届を提出し、会社となった。それまでの間ずっと「独占的販売店」だった長榮書局はこの時に店を閉じた。理由は何であろうか。お分かりいただけると思うので、ここで説明する必要もないであろう。

Column 2

風が吹く軒で書物を広げて読めば、古き道が私の顔を照らしてくれる

——台南中正路商圏書店系図

文：文化評論家・詩人・本屋「府城舊冊店《フウチァンジュツェディエン》」創立者　潘景新《パンジンシン》

一つの街や商圏の繁栄と衰退は、主に経済と商業のメカニズムによって変化し、文化的要素は微々たるものだ。台南市中心部に位置する繁華街の代表的な商圏は、中正路《チョンチョンルゥ》と西門路《シィーメンルゥ》との交差点で、今でも地価はトップの座を守り続けている。しかし、文化評論家として注目したいのは、この辺りはかつて台南で最も栄えた書店街であったことである。この五十年間、台南の文化人はこの街を大きな舞台として、様々な文化、出版のショーを上演した。多くの文人や学生は、文化活動の盛んだったあの時代を思い出し、感傷に浸る人も多いのではないだろうか。

●台湾海峡一九四九　上海系文化人が台南に進出

中正路辺りの書店街は日本統治時代からあり、忠義路《チョンイィルゥ》にある土地銀行の向かい側（現在の中国民党台南市党部）に、日本人が開いた崇文堂と浩然堂という書店が隣り合わせで軒を連ねていた。その近くにある林百貨店を過ぎた左側の店から見ていきたいと思う。

まず紹介したいのは經緯書局《ジンウェイシュージー》（当時中正路二十九号）である。店主の王元規《ワンユエングィ》と兄の王天恨《ワンテェンハン》（出版専門の大東書局《ダートンシュージー》を経営）は最初に台南にやってきた上海系の文人であった。王兄弟が手掛けた作品かどうかは不明だが、現在、府城舊冊店には、大東書局がまだ上海にあった頃に出版した本がある。台南は文化活動が盛んであり、人材が多い場所だということを知ると、彼らは台湾の中でも首都の台北ではなく、台南で店を構えることを決めたという。經緯書局と大東書局は書店の草分けとしてだけではなく、早い時期から中国古典を出版していた。私の手元にも、彼らが一九五〇年代に出版した多くの貴重な本がある。經緯書局は文人が拠点を中国から台南へ移し、文化事業を手掛けた火付け役でもある。噂によれば、彼らは戦乱の中、金塊や巨額の資金を抱えて台湾に渡り、書店の経営においても羽振りがよかったそうである。また、彼らは蒋介石の忠実な信者でもあり、国民党政府が台湾に逃れてきたのは一時的なことで、中国大陸の共産党に反撃し、失った中国大陸の国土を取り戻すことができると信じていた。そのため、王元規は台湾では不動産や土地を購入せず、国や国民への憂さを紛らわすため、書店の経営を維持する以外の時間とお金はダンスホールにつぎ込んでいた。

●經緯書局が起爆剤となり、台南の出版業界に星空のように輝かしい光景が広がる

優れた才能を持つ王元規は、台南の出版業界では草分けの存在であり、彼はありのままの自然的な経営スタイルで、台南の出版界の人材を何人も育ててきた。彼の経営スタイルを学んだ者たちは、さらに他の者に継承していった。その後の台南は、出版業界において重要な都市となった。それは台北に勝るとも劣らない活況であった。台南出版界の中で、經緯書局は先人の知恵を集成し、後世に新しい道を切り開くような存在であった。のちの綜合《ソンホエ》出版社（南台圖書公司、黄金屋出版社）のオーナー鮑《バオ》さんや大衆書局《ダァチョンシュージー》、正言《チョンイエン》出版社のオーナー（二人とも名前が王だった）は經緯書局に務めたことがあった。台南の正言と高雄の大衆という二つの出版社が育てた後輩はさらに多い。世《シイ》一書局《イーシュージー》（莊朝根《チュワンチァオケン》）、大坤書局《ダァクンシュージー》（何天補《ホエテンブゥ》）、大正《ダァチョン》出版社（胡文虎《フーウエンフク》）、立文《リィウエン》出版社（倪錫春《ニィシイチュン》）、藝術《イイシュウ》圖書公司（吳忠南《ウウチョンナン》）、僮書坊《チュアンシューファン》（周瑾光《チョウジングアン》）、そして高雄市の鳳山区の書店、遠東《ユァンドン》（王三福《ワンサンフゥ》）、光遠《グァンユエン》（林天助《リンティエンジュ》）、大育《ダァユゥ》（蘇《スゥ》大勝《ダァション》）など、枚挙に暇がない。

また、王天恨（大東書局）の甥たちが創業した漢風《ハンフォン》出版社（王長柏《ワンチァンバイ》）、松文書局《ソンウエンシュージー》（王長松《ワンチァンソン》）、そして大孚書局《ダーフゥシュージー》有限公司と台南北一《タイナンベイイー》出版社（傅寶泰《フゥバオタイ》）なども經緯書局を継承したとも言える。

さらに西へ進むと、永福路《ヨンフゥルゥ》を過ぎたあたり、彰化《ジァンファ》銀行の斜め前にある、徐良雄《シウリァンション》とその母親が経営する台南書局の店内はいつも整理整頓されている。店舗物件を所有していたが、店を自分で経営していくことと、賃貸物件として貸し出すこととどちらが得なのかを検討した結果、書店を閉めて貸し出すことにした。徐良雄には徐重仁《シウチョンレン》という「統一超商《トンイイチアオシャン》」の元社長であり、商業発展研究院の院長も務めた、経営に長けた弟がいたからだ。

西門路をさらに過ぎると、台南合會儲蓄公司《タイナンホエフイチュシゥ》（現在の中小企業銀行）があり、銀行の前にある書籍と新聞の露店が、向こう側の生生皮鞋《シオンシオンピイシエ》*72と進來涼《ジンライリアン》*73の店外にある書籍と新聞の露店と連なり、映画館と百貨店を目当てに来た人々がここで歩みを止め、文化的な情報を手に入れることができた。

國華街《グォホァジェ》を過ぎると、海安路《ハイアンルゥ》の近くに正業書局《チョンイエシュージー》（店主の龔恭正《ゴンゴンチョン》は西北《シイベイ》出版社をも経営している）があり、さらにすこし過ぎたあたりにある参考書専門の我的書局《ウォデェシュージー》は郭榮豐《グォインフォン》（元市議会議員）と郭榮仁《グォインレン》兄弟が合同経営をしている。さらに行けば九階建ての「合作大樓《ホェツォダァロウ》」のビルの中に神州書局《シェンチョウシュージー》（ここも兄弟の蘇隆義《スゥロンイィ》と蘇隆海《スゥロンハイ》が経営）がある。その後、正業書局が神州書局に売却され、弟の蘇隆海は我的書局を買収し、店名を大統書局《ダァトンシュージー》に変更した。

兄の蘇隆義が亡くなった後、大統書局は中正路を最後に離れた書店となった。蘇隆海が大統書局を文賢路一〇一二号に移転し、収益は芳しくないが、物件は自分のものなので、何とか続けている。[＊74] 我的書局は中正路から離れた後、北門路や華平路にも移転したことがあったが、現在は成功路で営業しており、本業の参考書販売に戻っている。

●医学書専門の供學社　後進を育てる台灣教育用品社

前章では中正路南側、住所番号が奇数の書店を紹介したが、ここからは北側の、番地が偶数の書店を紹介しようと思う。まずは番地六十番の供學社《ゴンシュエシャ》、八十

＊72　店舗名。靴屋。

＊73　店舗名。冬瓜茶などのドリンクを売る店。

＊74　大統書局は二〇二〇年に休業。

代の店主陳炳文《チンビンウェン》は南投県集集鎮《ジュジュヂェン》出身で、私が台南文化観察を執筆した際の最高齢の取材対象であった。現在、書店は民族路、新光三越百貨店の斜め向かいに移転し、今でも勤勉に医学専門書を販売している。陳さんは兵役を終えた後、仕事を探すために台南にやってきた。最初は営業としてクリニックに日本語の医学書を売り込んだ。売れ行きが好調なのを見て、自分で医学書を出版、販売もした。その後、嘉南薬理専門学校が創立されると、その学校への医学の教科書販売に専念し、子供を成人まで育てあげた。元々賑わっていた書店街だった中正路商圏を離れたことについて、やはり名残惜しいようであったが、中正路の物件を最初に借りた時は家賃が月四万元だったが、五年間で月十二万元に膨れ上がったため、奮発して民族路に自分の店舗を購入した。少し小さく見栄えもあまり良くないが、儲けが多くても少なくても、家賃に左右されない方が安定するからであった。

六、七〇年代の中正路は書店街が形成されていき、書籍市場の繁盛ぶりを耳にすると、供學社の他にも、台北の書籍商たちでさえひと儲けしようと南下した程である。まずは作家の阿圖《アトゥ》(徐仁圖《シュレントゥ》、代表作『鐘聲二十一響』《チョンシェンアールシイイシァン》)が開いた河洛書店《ホエルオシューディエン》は、自分が出版した本のみ販売していたため、多様性に欠けていた。そして林洋慈《リンヤンツィ》の國家書店《グオジアシューディエン》もこの地で誕生した(店の名前が面白い。「国家」と名付けたが、政府と何ら無関係である。林洋慈の出身も南投だが、同じ出身の有名な政治家、林洋港《リンヤンガン》とは血縁関係はない)。しかし、よそ者嫌いの台南人の性格が原因なのか、店が台南の書店業界にうまく馴染めないからなのか、二軒とも寿命は短かった。

西門路を過ぎたところに、台灣教育用品社がある。この店の出自と歴史についての資料は筆者もあまり持ち合わせていないが、經緯書局と似ているようである。師匠は無名であったが、その弟子は師匠よりも優秀で有名となった。二人の本業界のレジェンドは若い頃台灣教育用品社の店員であった。一人は方明正《ファンミンチョン》。彼と彼の親族が手掛けた書店は以下の通りである。方家書店《ファンジアシューディエン》、第一書店《ディイイシューディエン》、文成書店《ウェンチェンシューディエン》、文元書店《ウェンユェンシューディエン》（これは方明正の弟が開いた）、展華書店《ジァンホァシューディエン》、嘉南書店《ジアナンシューディエン》、富東書店《フゥドンシューディエン》、文笙書店《ウェンションシューディエン》（上記はすべて方明正の息子たちが開いた書店で新刊も古本もある）。北門路《ベイメンルゥ》書店街の最盛期、緑地に白文字の看板の書店はすべて間違いなく方家が開いた店であった。

もう一人有名な店員は周榮昌《チョウインチァン》、後の台南県と台南市の雑誌や書籍の取次商永茂書報社《ヨンマオシューバオシェア》*75の創業者である。若い頃から本と縁があり、本の露店も出したことがある。コツコツと経営して経験を積み、当時台南市唯一の取次商となった。

もう少し進んで、海安路《ハイディンルゥ》の近くに「阿西《アアシイ》」*76書店があった。店名は俗っぽいながらもインパクトがあり、読者に強い印象を与えた。しかし長続きせず、特筆することはない。ここでそろそろ文章を終える。

この五十年間続いた文化人の大舞台であり、様々な文化的な風景を見せてくれた書店街も幕を閉じた。あの輝かしい時代を思い出すと、嘆くばかりである。

注：初出『台南都會報』第十三期

*75　現在、永茂書報社は廃業している。

*76　台湾語で「ばか」という意味。

第三篇

書籍業界が飛躍する時代

一，書業蓬勃的年代

書籍業界の盛んな年代
(一九七〇年代)

七〇年代の台湾は大きな変化があった。オイルショックが起こり、蒋介石が亡くなり、更にアメリカとの断交があり、台湾社会の勢力図はトランプを切るようにシャッフルされた。「第二次輸入代替」[*77]の経済発展戦略は、石油化学産業が数十年にわたって台湾にもたらす汚染問題のきっかけとなった。政治の反対勢力が結集しつつあり、いわゆる「党外運動」も着々と形を整えていく。言論への統制はあるものの、様々な社会運動は台湾各地に静かに広がっていった。

*77 輸入を制限し、国内生産を支援することで工業化を図る経済政策。

台湾の出版業界はこの頃すでに成熟し、出版社数は一九五九年の四百九十社から増え続け、一九七〇年には一二〇〇社になり、一九八〇年には二〇一一社まで増加していた。出版された本の点数は年間二千点前後から八、九千点にまで増えた。二大新聞社が相次いで「聯經《レィエンヂン》」、「時報《シィーバオ》」出版社を設立したことも、書籍業界が盛んだったことの重要な指標だろう。台湾出版界で名高い遠景《イエンジン》出版社も一九七四年にその偉業の幕を開けた。

規模の大きい総合型出版社以外に、特定ジャンルを発展の軸とする出版社もいくつかある。当時出版業界は大衆市場に力を入れており、また政府が「中華文化」の推進に力を注ぐ中、彼らはマニアックでマイナーであった。しかし、出版者の理念とこだわりがあるからこそ、一種の文化への執着が目立つようになった。数十年後、多くの出版社が市場の縮小で幕を閉じたが、これらマイナーな出版社が経営する書店は依然として存在している。それは本を販売するだけではなく、今でも七〇年代の理想に燃え続けていることを我々に語っている。

遠景出版社《イエンジン》（飛頁書餐廳《フェイイエシューツァンティン》）

二〇一五年、台北市の新生南路二段の路地にレストランを併設する書店「飛頁書餐廳」がオープンした。店内で食事やドリンクを提供し、レコードの試聴コーナーがあり、数多くの本も陳列販売されている。遠景出版社の本、絶版の古書、ムスリムコーナー、香港の出版社である花千樹《ホァチエンシュー》、Kubrick、匯智《フィヂー》などの出版物、『字花《ズーホアー》』等の雑誌もある。経営者の一人は葉麗晴《イエリィチン》だ。彼女は遠景出版社の現在の責任者でもある。

創業四十年以上の遠景出版社について最も人々の印象にあるのは、金庸《ジンヨウ》*78の独占版権を取り、禁書だった彼の小説を台湾で合法的に出版したことかも知れない。創業者の沈登恩《チェンドォンエン》が果たしてどういう手を使ったのかは誰も知らない。あるいは彼が鹿橋《ルーチィアオ》の『人子』の版権をどう取ったのか。同時に白先勇《バイセンヨウ》*79、李敖、高陽、林語堂ら売れっ子作家の作品も出版しているのだ。しかし、「成敗をもって英雄を論ずなかれ」であれば、遠景出版社には我々が無視できない貢献が他にもあった。

明山書局《ミンシャンシュージー》と晨鐘《チェンヂォン》出版社で働いたことがある沈登恩は、一九七四年に鄧維楨《ドンウェイヂェン》、王榮文《ワンロンウェン》と三人共同で遠景出版社を設立した。有名台湾文学作家、黄春明《ファンチュンミン》の

*78 （一九二四〜二〇一八）香港の作家。主な作品に『射鵰英雄伝』『鹿鼎記』など多数。

*79 （一九三七〜）作家。中国桂林生まれ。一九五二年に台湾へ。主な作品に『台北人』『孽子』等がある。

『鑼』、『莎喲娜啦《さよなら》・再見《ツァイジェン》』で最初の好成績をあげた後、次々と出版した台湾文学作品：鍾理和《ヂォンリーホェー》全集、呉濁流《ウージオーリィウ》全集、賴和《ライホェー》の『一桿秤仔』、楊逵の『送報伕（配達員）』、李喬の『寒夜三部曲』等をきっかけに、政府と文壇の主流から常に弾圧されていた台湾郷土文学[*80]が読まれる機会が増えた。同時に、沈登恩も呉濁流が創刊した『台湾文藝』を強く支持し、台湾文学の発展に全力を傾け支えている。これら書籍や雑誌は金庸の武侠小説ほどブームを起こさなかったが、台湾にとっては極めて貴重な出版物である。

一方、遠景出版社も「世界文学全集」を逐次出版した。この百巻にのぼる古典文学名作は、過去に他の出版社がバラバラで出版したものと比べると、今までにない試みであり、同時に台湾における「古典文学」の定義をほぼ定着させた。一九八三年には、大きな抱負があった沈登恩は計五十四点六十四冊の「ノーベル文学賞全集」の出版に取り掛かった。このシリーズの出版は当時の台湾と読者たちにとって紛れもなくめでたい出来事であったが、遠景出版社と沈登恩にとってこのシリーズは経営を苦境に追い込み、一世を風靡した出版社もこれをきっかけにくすんできた。それ以降も遠景は引き続き出版を継続していたが、出版の多様化と読書習慣の変化に伴い、遠景の店が徐々に街から姿を消していき、九〇年代に入るとほとんどの新刊書店で、遠景出版社の出版物を見る

*80　「中国」ではなく、現実の「台湾」のことを描こうとする文学のこと。大陸から逃れてきた国民党が、我々こそが「中国」であるという幻想下で統治した台湾では、「中国」のことを描く文学が戦後の主流であった。しかし一九七〇年代に起こった国連脱退、アメリカとの断交など、外交的敗北の現実から、同文学が注目された。

ことはなくなった。

二〇〇四年、沈登恩はガンで他界し、遠景出版社は妻の葉麗晴が一人で引き継いだ。既存の文学作品を再版する他、葉麗晴も台湾新世代の作家たちと接触し、台湾文学の出版の道を開き続けている。そして現在、葉麗晴はさらに友人たちと一緒に「飛頁書餐廳」を開業している。沈登恩が築き上げた遠景の偉業の再現を「飛頁書餐廳」に求める必要もないが、出版業界が飛躍した時代のなかに、「遠景」というひとつの時代があったということを、店内の一冊一冊を通して我々は振り返ることができるであろう。

南天書局《ナンティエンシュージー》 ～文化歴史コミュニティーの土台としての書店

文：新手書店《シンショウシューディエン》　鄭宇庭《ジォンユーティー》

台湾の文化歴史専門書籍をメインに販売し、出版社も経営する南天書局は、台湾大学と師範大学の間の路地にある。一般的な商店なら大きな通りに面し、商売のしやすい物件を選ぶが、南天書局はあえて大通りの羅斯福路三段から入り、書店や商店が密集する温州街からも少し離れた一方通行の路地にひっそりと佇んでいる。「仮に南天書局が大通りにあったとしても、必ずしも本が売れるとは限らないから」と新竹県關西鎮の農家出身の創業者・魏徳文《ウェイダァーウェン》はこのように言う。ゆえに、路地に身をひそめる文化歴史コミュニティー向けの書店には、独自の経営原則がある。書店のホームページにもこう書かれている。「南天書局は堅実な出版と専門性が評判で、学術性と価値のある作品を出版することを志とする。出版するジャンルは台湾研究、歴史地理、古地図集、芸術史、人類学、社会学、宗教、漢方医学、生物学など多岐にわたり、著作の言語は中国語、英語、日本語、スペイン語、オランダ語、フランス語、チベット語、ドイツ語がある。台湾、中国、アジア、欧米、オセアニア、インドなど世界中のどこからでも南天書局の本を購入することができる」。

ホームページに書かれていることは大げさではない。一九七六年に設立された南天書局は当初から台湾史研究の本と歴史資料によって読者によく知られていた。草創期、編集本部は台北市の松山区に設立され、一九八一年に台湾電力ビル向かいの中国信託銀行の三階に移転し、後に書籍を運搬しやすくするために現住所に移転した。当初、自社出版の文化歴史書籍の数が足りないため、創業者は国内外の台湾史学術専門書をかき集め、英語の本を翻訳したり、専門家や学者に専門書の執筆を依頼した。また、自社でも台湾研究、客家研究、原住民[*81]研究などの専門書や古地図を編集、出版し、四十年間の積み重ねで一千冊近くの出版物を出した。創業以来、創業者には南天書局を台湾文化歴史書籍の専

南天書局

＊81　原著表記に準ずる。台湾では「先住民」にはすでに滅んだ民族という意味もあるため、「原住民」の表記が公称とされる。日本語では逆に「原住民」は差別的な意味を含んでいるが、本書は原著および台湾での意味を尊重して「原住民」表記としている。

門性の備わった文化歴史学術交流の場にするというこだわりがある。南天書局は台湾文化歴史出版の発展に力を注ぎ、学術的価値を有し、その出版に対する態度は極めて堅実である。八冊もの出版物が金鼎獎を受賞し、創立者は二〇〇四年に金鼎獎の「生涯功績賞」を受賞している。

今まで変わらぬ南天書局の理念と方針とは、社会に良い影響をもたらす有益な本を出版し続け、世界を様々な角度から紹介することである。このような知識の交流を通し、人々が物事を学ぶということの本質をもう一度身につければ、きっと視野が広がり、世界に目を向けるようになるだろう。書店の内装と陳列はまるで文学館のようで、研究に対する情熱とその姿勢が満ちており、様々な複製の古地図や台湾古地図関連作品も並べられている。特に原住民研究コーナーの品揃えは図書館より豊富なことからも、創業者が歴史研究や民族関係の研究に力を入れていることがわかる。このような本が売れるのかと問われれば、これらの本を整理し出版することは儲けよりもはるかに有意義なことである、と創業者は考えているのだろう。このように一冊一冊に時間をかけ、古い作品に新しい注釈をつけて、編集、出版する作業はとても煩雑で負担も大きいが、南天書局にとって、本の出版から得る収益は二の次である。影響力、歴史的価値、そして史料として研究的な意義がある著作を紙ベースで出版し、読者に伝えていくという重大な使命を果たすべく歩んできたのである。

二〇〇四年、南天書局は史明の『台湾人四百年史』を整理、校正して再版した。この本は発売されるやいなやベストセラーとなった。著者は被植民地側から台湾の発展と歴史を綴り、台湾人の観点から、四百年来の台湾における、開拓、建設、そして統治される過程を分析し、台湾民族の歴史的な発展を深掘りし、台湾人のアイデンティティーの形成過程をも論じている。台湾民族の発展史を通して、台湾の未来を見出そうとしているのだ。この本の再版からも、南天書局の創業者が台湾史の知識を構築するために史料を徹底的に突き詰める努力が窺える。彼と彼が出版する作品が輝きあい、知識と文化の光を解き放つのである。

書林書店《シュウリンシューディエン》

文：新手書店《シンショウシューディエン》　鄭宇庭《ジョンユーティー》

国立台湾大学前を通る新生南路には商店が軒をつらね、人通りが多く、薬品から食品や衣類などの生活用品をすべて揃えることができる。また知識の養分としての書籍も少なくなく、数多くの老舗出版社や独立書店がこの周辺で営業を続けている。学生や教師の研究に応じるため、自然とこの界隈に集中するようになったのだ。懐恩堂[*82]付近の商業ビルの二階に一軒の書店がある。知る人ぞ知る書林書店は一九七七年創立以来、英語の原書を販売し続けている。

書林書店の創業者・蘇正隆《スウヂォンロン》は一九七五年に台湾大学外国語学部を卒業し、兵

＊82　六十年以上の歴史を有するキリスト教会。

役を終えた後、翻訳の仕事をしながら雑誌『戸外生活』のために植物観察や旅行のコラムを書いていた。独学でも知識を得る事は十分にできるが、そのための道具は不可欠であると彼は考えている。かつての台湾では洋書を入手するのは困難で、学生や教師の研究が遮られ、独学者にも困難をきたしていた。研究する価値のある外国語専門書を直接入手することができず、購入するにも取次商の独占による価格の上昇が問題になる。「専門書を取り扱う書店を作れば、台湾大学の学生も自分も助かる」と蘇正隆は思い立ち、同級生の李泳泉《リヨンチウェン》、湯偉傑《タンウェイジィエ》と書店を始めた。一九七七年十二月十二日、羅斯福路の路地で書林書店の幕が開けた。

当初は文学、歴史、哲学の洋書を出版することがメインで、国内外の書籍の取り寄せも行っていた。また、台湾大学外国語学部の学生の要望に応じたサービスを提供した。開業後、初めて仕入れた本は蘇正隆と創業仲間たちが、一冊一冊読んでから輸入を決めた。苦しい経営が三年間続き、読者からの好評と口コミも増え、本好きの独学者たちがますます集り、台中や台南から台北まで電車に乗り、台湾大学近くにある書林書店をわざわざ訪れるようになったが、「丸々三年間模索しながらも赤字経営だった。店の評判はいいものの、売り上げは芳しくなかった。どこまで続けられるかわからなかった」と開業当初の三年間を振り返り、蘇正隆はこう語る。

しかし、いい本を紹介し、正確で実用性のある書籍を選び、専門書を正しく扱う方法を学生たちに教える、という三つの開業以来のこだわりがあり、書林書店は「理想の書店」として、文学、歴史、哲学といったジャンルの読者たちの間で知れわたった。蘇正隆が自ら本を持って大学で宣伝活動を行ったことで、英語の原書は各大学の外国語学部大学院の主流教材となり、マイナーだった文学作品は文学部が研究する重要書籍となった。また書店の陳列では、十一坪の空間に従来の書店よりも多元的なテーマで本のコーナーを作った。例えばマイナーな「現代詩コーナー」や「映画コーナー」などである。ずっと続けている「今週の一冊」では価値があるものの見落とされがちな本を紹介した。書林書店と同時に設立した書林出版は、文学、文化、理論、映画、演劇、詩集の出版に力を入れている。現在は中年となった多くの文学青年がかつて読んだであろう姚一葦《ヤオイーウェイ》*83の『戯劇原理』や、数多くの古典戯曲の中訳本は、書林が教科書と学術書以外に注力し続けているジャンルである。今日マイナーな英語の古典戯曲の中訳本といえば、書林書店でしか取り扱っておらず、書林書店の独占的な販売となっている。

　理想の書店から出発し、多くの書店に寄与する理想的な出版社に発展した書林書店は、開業以来、知識人の感性と倦まず弛まずの教育理念を持ち続けてきた。現在、台北の店舗には独自のイベントスペースを用意している。どうぞ二階へ上がって、書林書店が四十年以上営む英語古典文学の秘密の花園へ、いらっしゃいませ。

*83　（一九二二〜一九九七）江西省生まれ。劇作家、評論家。

書林書店

二，百花齊鳴的日子

百花繚乱の日々（一九七〇年代）

七〇年代の出版業の盛況ぶりは、書店業界に好景気を自然ともたらした。当時、書店業の発展はまだ出版業に頼っており、毎日、取次商の車は出版社から次々と書店を回り、書籍や雑誌などの商品を補充していった。パソコンやインターネットなどない時代で、読者は通信販売を除けば、本屋へ行き、売れ筋の本を購入していた。当時は書店を開業すれば一年後には黒字化するほど儲かると言われており、書籍市場の盛況ぶりが窺える。

重慶南路の書店街は、この時期になると形が完全に整っていた。店舗以外に大小様々な本屋の露店が騎楼[*84]や街角で商っていた。忘れてはいけないのは、このころ社会の雰囲気は静かに変

わりつつあり、党外の力も雑誌を通して広がり続けていたことだ。検閲された多くの書籍はこういった露店を介して人々の手に届くため、台湾の権威主義体制に反対する意識がどんどん高まっていった。

この状況は台北だけではなく、台北以外の地方の書店も密かに雑誌を販売していた。党外運動に資金を出す書店経営者すらいた。またこういった政治運動に直接参加している者もいた。面白いことに、あの時代の書店店主は財力があると思われていたため、政治運動家たちは食事時になると、書店店主のもとを訪れるといったことも日常茶飯事であった。

書籍市場が盛んであるとはいえ、新刊本の価格は大量に購入する読書家にとっては耐えきれなかったため、古本の露店は宝の山を探す人にとってうってつけの場所となった。しかし七〇年代、政府はこれら露店の存在は街の美観を損なうと判断し、牯嶺街界隈の古本の露店は移転することを余儀なくされ、光華商場の地下に集められた。しかし開放的な環境から、暗くて人目のつきにくい場所に移転したため、「禁制品」が堂々と売買されることにもなった。

*84 建物の道路に面する一階部分を、アーケード状に開放した空間で、連続した屋根付きの通路となっている。台湾では多くみられる建築様式。亭仔脚とも言う。

騎楼

重慶南路の書店街

七〇年代までの書店の歴史は、今までの章で記したように、最初期の新高堂（一九四五年以降の東方出版社）、三〇年代の鴻儒堂、大陸書店、四〇年代の正中、商務、中華、世界など四大書局、五、六〇年代の三民書局、文星書店、長榮書局、周夢蝶の露店など、すべて現在の台北市の重慶南路界隈にあった。しかし重慶南路界隈には、紹介できなかった書店や出版社が他にも数多くあった。出版が盛んな七〇年代に入ると、重慶南路の「書店街」は台北の日常生活の一コマとなり、本を買うなら重慶南路へ行けば間違いはなかった。

　戦後、重慶南路書店街の発展については本書の、重慶南路にある力行書店《リーシンシューディエン》の陶蕃瀛《タオファンイン》が書いた「私の一風変わった独立書店の経験と夢」を参照してほしい。この中には現在我々がインターネットでもあまり見ることのできない秘話も書かれている。そんな中、留意してほしいのは、五、六〇年代の重慶南路の書店はほとんどが出版兼小売り業であったということだ。七〇年代の書店数は八十五軒に激増したが、その多くは書籍の販売のみで出版は本業ではなかった。簡単に言えば、もし書店が手間暇かけてベストセラーなど出版せずとも、本を仕入れて販売することで、家賃や人件費を支払った上で利益を出すことができれば、この商売を行いたいと思う者も多く出てくるというわけだ。しかも出版よりも明らかにリスクの少ないことを思えば、なお更である。書店街の最盛期には百軒以上の書店があったと言われている。当時の取次商は書店の発注に応じるため、重慶南路だけで三台の車に分けて発送しなければならなかったと、営業を務めたことがある阿福《アーフー》（蘆州阿福的書店《ルーチョウアーフーダシューディエン》）が教えてくれた。七、八〇年代の重慶南路の書店街の活況が窺える。

このような条件と盛況は金石堂書局《ジンシータンシュージー》など、書店チェーン出現の主な要因かも知れない。しかし、市場に参入する者がどんどん増え、しかも大きなところにシェアを取られていくと、出版という後ろ盾がない書店には、危機がすぐに迫ってくる。二十一世紀は「販路がすべて」の時代となり、ネット書店が台頭し書籍市場を席捲すると、重慶南路の書店街は大きな打撃を受け、とても立ち直れそうにはなかった。回復する可能性はあるだろうか。多くの人は悲観的、あるいは否定的な答えを出している。楊照が言うように「肝心なのは書店の数の減少ではなく、書店が各自の個性を持ち、売りたい本を売るというスタイルがすでに消え去ったことだ」（『聯合報』2012.09.05「すでに傾いた重慶南路」）ということなのかも知れない。八、九〇年代に現れた独立書店と比べてみれば、書店街が廃れるのも不思議ではないだろう。

重慶南路の書店街は、ノスタルジーを感じさせる場所だと思う人も少なからずいる。しかし全体的な歴史から見ると、それぞれのライフストーリーを別にすれば、重慶南路の中で台湾の人々に一番懐かしさを感じさせるのは、これらの書店ではなく、騎楼や街角に点在する本と新聞を扱う露店だったのかも知れない。七〇年代末期から八〇年代、各種禁書や党外雑誌は、総統府や警察本部から程近い露店によって販売され拡散していった。もちろん、それは露店を熟知している人だけが手に入れられたのである。我々が台湾の書店や書籍業界を振り返るとき、これら名もなき露店が台湾の歴史の中でかなり重要な役割を担っていたということは、決して忘れてはいけない点である。

山民書局（豊原三民書局《フォンユアンサンミンシュージー》）

台湾鉄道の豊原《フォンユアン》駅を出て、左へ約百二十メートルを歩いた所に「豊原三民書局」という書店がある。見た目は八〇年代のチェーン店や大型書店のようで、三階建て、合計四百坪の明るい空間に本棚が整然と並んでいる。しかしこの規模の店舗は一九九七年、三度目の移転の際にできたもので、七〇年代開業当時は、三民路にある広さ十坪ほどの小さな書店でしかなかった。

豊原三民書局は一九七八年に開業、創業者の利錦祥《リージンシィャン》は台湾の中部地区の政界と文化界で活躍していた。豊原三民書局が開業した頃は、ちょうど台湾の情勢が不安定な時期だった。その年の終わり頃に台湾とアメリカは断交を決定。翌年「美麗島事件」*85が勃発、多くの党外活動家が逮捕され、社会の雰囲気はり詰め、これから台湾がどこに向かうのか誰も知る由もなかった。開業したばかりの豊原三民書局は、このような中でこっそりと党外雑誌を販売しながら書店

＊85　一九七九年十二月、雑誌『美麗島』主催のデモ隊と警察が衝突した事件。

の発展を模索していた。

当時の台湾の書籍業界は最も盛んな時期ではあったが、本という商売の運命は予測できるものではなかった。借金を踏み倒された利錦祥は一時窮地に追い込まれたが、親友の洪醒夫《ホンシンフゥ》からの援助により、この窮地を乗り越えただけではなく、店舗を拡張し、一階と本の在庫を置ける地下室のある書店となった。残念ながら一九八二年、利錦祥と洪醒夫はある集会の帰り道で事故に遭った。二人を乗せたタクシーが滑って転覆し、利錦祥は軽傷で済んだが、洪醒夫はこの世を去った。この文壇の若死にした友人への追想のため、一九八三年利錦祥と王世勛《ワンシーシン》が共同で洪醒夫の未出版の作品を整理し、『懐念那聲鑼（あの鑼の音を懐かしむ）』を出版した。

社会情勢の変化と共に、利錦祥は更に政治へ深くかかわることとなった。しかし書店を経営する彼の台湾文化と文学に対する情熱が衰えることはなかった。それは豊原三原書局に今でも台湾コーナーを設置していることからも窺える。一九八七年、利錦祥が呉晟《ウーチァン》、王世勛と一緒に雑誌『台湾新文化』を創刊し、利錦祥は責任者を務めた。この雑誌は文学の中の台湾の主体性を研究し、台湾語文学や台湾文化を広める他、「台湾民族」論を提唱し、当時の政治にも盛んに言及した。当時戒厳令はすでに解除されていたが、「動員戡乱時期臨時条款」はまだ廃止されておらず、この雑誌は何度も警察本部に検閲された（通算二十二号を発行したがそのうちの十六号が検閲された）。最後は「台湾独立を扇動する」と認定され、出版が禁止された。

しかし、どれだけ踏ん張っても書店の地下室の浸水はずっと悩ましい問題だった。一九九七年、書店は三民路から中正路の現在の場所に移転し、店名の「三民書局」はそのまま残った（その後台北の三民書局から抗議を受けたため、「豊原三民書局」に改名した）。雑誌、文房具を販売する他、三つのフロアにそれぞれ「台湾館」、「藝術館」及び「児童館」を設置、近年は講演などのイベントスペースも増設し、書店の収益を増やすとともに、台中市豊原区に人文討論の空間を作りたいという思いもある。

豊原区は一時誠品書店《チェンピンシューディエン》など書店チェーンの進出で人々の本を購入する選択肢が増えたが、今となっては出版業界が不景気に陥り、これらチェーン店も業績不振を理由に撤退し、ローカルの豊原三民書局のみが諦めずに続けている。数奇な運命であったが、この四十年もの歴史を有する豊原三民書局はすでに豊原の住民たちの生活風景の一部となっているのだ。

訳注：豊原三原書局は二〇一九年九月に経営不振のため幕を閉じた。

光華商場《グァンホァシャンチャン》の古本屋

文：荒野夢二《フォァンイエモンアール》店主　銀色快手《インスェクァイショウ》

●光華商場スケッチ

八〇年代の台湾には、現代詩集に対して熱狂的な学生が数多くおり、かく言う私も休みさえあればば書店へ行き詩集を漁っていた。時には新刊書を扱う店が多い重慶南路の書店街へ行き、時には公館や、台湾大学界隈の古本屋を訪れ、掘り出し物を見つけた。そして私は本好きの先輩に勧められ、光華商場も宝さがしに絶好の場所だということを初めて知った。

光華商場は一九七三年に開業。一九六一年に落成した中華商場《チォンホアシャンチャン》*86と似ていて、台北市内で一番早くできた公設市場の一つである。牯嶺街の歩道と下水工事が決まったことで、六十軒近くの古本屋が同時に光華商場の地下街へ移転することになった。光華商場は高架下の空間を利用した商業施設であり、中華商場の集中管理式に類似しているが、各テナントの空間は広くはなく、わずか二、三坪の店すらあった。多くの古本屋が一斉に移転したため、あっという間に台北市最大の古本屋街となった。

七〇年代、出版市場は盛んで、新刊の出版点数が大幅に増えた。また時代の変遷と共に本に対する需要も多様化し、古本屋で歴史資料を探す文人や学者が大幅に減り、そのため古本業者も武侠や漫画などを取り扱ったり、カセットテープ、ビデオテープ、ポスターなど他の商品を開発した。光華商場でもこうした総合的な発展が始まり、アンティークを販売する業者も現れた。一九七九年に中華民国とアメリカが断交し、台湾に駐在する米軍が撤退、電子機材や部品

*86 現在の台北の中華路一段にあった商業施設で、地上を走っていた台湾鉄道と並列して建っていた。一九八九年に台湾鉄道は地下化し、一九九二年には中華商場も取り壊された。呉明益の小説『歩道橋の魔術師』の舞台になったことでも有名。

が古物商の手に渡ったことで、光華商場は電子部品や音響機材売り場の最先端にもなった。

私が光華商場の地下街で絶版文学書籍を探そうとした頃には、風景はすっかり様変わりしていた。入口から入ると音響のスピーカーからポップ音楽が流れてきて、ギター専門店があったり、AVソフト専門店があったり、漫画と武侠と恋愛小説を専門とする新刊書店があったり、パソコンの部品やディスクを売買する人の往来は絶えなかった。

古本屋はまだ十数軒残っていた。狭い空間に所狭しと様々な古本、雑誌、教科書、専門書が詰め込まれ、一応ジャンル別で並べられてはいるが、天井までの高い棚には本がいっぱいで、通路にも山積みであった。欲しい本を探すのは簡単ではなかった。おまけに店内は湿気でかび臭い。本好きの先輩からの教訓は、マスクが必須で、半袖がベスト。袖を巻いて軍手をはめ、汗拭きタオルを首に巻いてから本の宝さがしが始まる。古本屋巡りも力仕事なのだ。こっちを見たりあっちを見たり、何かしら収穫はある。初期の文星叢刊や仙人掌《サボテン》叢刊、『今日世界雑誌』、『伝記文学』、党外雑誌など、なんでもある。

数多くの古本業者や違う業種の店との競争に負け、光華商場の古本屋は九〇年代以降、衰退していった。他の商売に転身したり、他の場所に移転して営業し続ける古本屋もあった。

時代の雰囲気のせいもあるかも知れないが、生活水準が上昇するにつれ、新しい消費パターンが現れた。その最も代表的な例は茉莉二手書店《モーリーアールショウシューディエン》であろう。元々「光華商場地下街二十二番」の茉莉は爽やかで明るい内装と陳列で古本屋の新局面を展開した。書籍のクリーニングと整理に力を入れ、人々が持っている昔ながらの古本屋への雑然としているイメージを払拭し、新しい風を吹き込んだ。古い商業施設発の古本屋が、洗練された新しい複合型書店に生まれ変われたことで、古本には様々な可能性が広がったのだ。

三，消費時代的來臨

消費時代の到来
（一九八〇年代〜）

一九八〇年代、台湾はいわゆる消費社会に突入した。資本や外貨の流通統制が解除され、様々な商品も次々と台湾に上陸するなど、経済自由化の動きが見られた。マクドナルドのロゴマーク「黄金のM型アーチ」がこの消費時代の始まりを象徴し、街中で走っている様々な形や色の外車は、まるで走る広告のようだった。化粧品の関税は下がり続け、二十四時間営業のセブンイレブンが小売業市場に進出した。

八〇年代の台湾書店業界では熾烈な争いが始まった。書店チェーンが台頭し、販売ランキングは広く明るい店内と同じくらい人々を引き寄せた。立ち読みはもう店の人に白い目で見られることもなく、本を購入すれば、きれいな紙袋に入れてくれ、持っているだけで知識人さながらのオーラを身にまとうことができた。これら書店チェーンはおおよそ台北で起業し、それから南へ進出していった。一部の書店は地域内の展開を主力として経営し、他店とのコラボを通じて独自のブランドを創りだそうとする書店もあった。

勢いのある書店チェーン以外に、台湾各地で八、九〇年代から一定規模の「独立書店」が現れ始めた。ここで言う「独立」はあくまでも「チェーン」と比較した呼称である。これら書店も金石堂書局《ジンシータンシュージー》など書店チェーンのビジネスモデルを採用しながら、書店の新しい形を作っていった。アクリル切り文字のジャンル表示、身長より少し低い島什器の本棚、ベストセラーの新刊を並べる平台、そして大きなガラス張りの壁と明るい照明なども取り入れた。昔ながらの書店の、細長い窮屈な空間から脱却し、それから十数年の書店風景は、何でも揃っているこれらの大型書店によって彩られた。

特筆すべきなのは、八〇年代末に開業した誠品書店《チェンピンシューディエン》である。歳月の流れとともに、多くの人にチェーン店だと思われているが、あの戒厳令が解除されたばかりの時代に遡ると、誠品書店の出現で台湾の本好きは圧倒されたのであった。一方、誠品書店や金石堂書局などの書店チェーン、そして地方の大型書店の奮闘で、出版と書店が徐々に分化していき、多くの出版社は書店の経営を諦め、これにより取次商の物流機能の重要性も高まっていったのである。

金石堂文化廣場《ジンシータンウェンホアグァンチァン》とその他のチェーン店

文：天母書廬《ティェンムーシュールー》　陳昭璇《チンジャオシェン》

一九八〇年代、台湾では経済的な奇跡が数多く起こった。不動産の相場は一日に三度も上がり、まさに「台灣錢淹腳目」*87の時代に、金石堂文化廣場が台北市の汀洲路《ディンチョウルー》で開業し、書店業界に新しい風を吹き込んだ。「新しい風」と言われるのには理由がある。初め、重慶南路の書店のほとんどは出版から流通、店舗まで自社で経営していた。しかし、人々の生活が裕福になるにつれ、情報への欲求と需要はもうこのような一本化の経営では満足できなくなっていたのかも知れない。世界は情報爆発の時代を迎え、産業が専門化しつつあった。出版、流通、店舗はそれぞれ独立した会社として経営され、違う業種とのコラボレーションも行われた。消費の多様化を引き起こす時代の到来であった。

一九八三年に開業した金石堂文化廣場は、書籍、アパレル、文房具などの商品を取り扱い、各種入場券の予約サービスも提供した。本の購入を促すためのベストセラーランキングも、度々マスコミに注目された。斬新で様々な販売戦略を導入し、台湾各地に販売拠点を構え、この書店チェーンの活況はいつまで

*87　足首までお金が溢れるほど台湾は裕福という意味。

も続くかのようであった。

　しかし順風満帆が続く訳はなかった。二〇一五年、三十年の歴史を有する台北市の東区*88の金石堂忠孝店の閉店は、台北の文化圏に衝撃を与えた。もちろん理由は色々ある。家賃が高くなり、書籍市場が不況に陥り、コストの重圧ものしかかってきていた。経済発展の時代に開業した金石堂は不況を乗り越え再起を図ることができるだろうか。それは経営者のこだわりと決断にかかっているだろう。

　同じ時期に話題となったのは新學友書局《シンシュエヨウシュージー》と何嘉仁書店《ホエジアレンシューディエン》である。前者は参考書の販売、後者は英語教育と書店の経営で注目されていた。

　一九八三年、新學友書局の敦南店「書香園《シューシァンユェン》」が初めて、ブックカフェという新しいスタイルを始めた。瞬く間に「〇書園」や「〇香園」というスタイルを真似する店が数多く現れる。休日になると大勢の人々が訪れ、混雑時には長蛇の列を作った。新學友書局は当時としては珍しい日本製の紅茶道具を取り入れ、おしゃれなティーポットを片手に、楽しいひと時を過ごせた。最盛期の新學友書局は毎年大幅に成長すると言われていたが、教科書市場に一般の出版社も参入できるようになるとライバルが一気に増え、独占的な商売ではなくなった。投資の失敗も度々聞くようになり、災難は続くもので二〇〇一年のナーリー台

*88 台北市の東側に位置する繁華街。

風で多くの店舗が被害を受け、損失がますます拡大していった。金融業者から借金の返済請求をされたことや、店舗が次から次へと閉店するなどがニュースとなっていった。二〇一一年には最後の店舗が幕を閉じ、悲しいことに一世を風靡した老舗書店は街から姿を消した。

何嘉仁英会話教室から始まった何嘉仁書店は、言語学習にとどまらず、他のジャンルの書籍も取り扱い、現在は台北都市圏の書店チェーンの重要な一つとなった。言語学習はいつの時代も流行りのジャンルだからであろう。何嘉仁はこれをベースに幅広く発展し、台北の街並みに独自の書店風景を織りなした。

あの時代は金石堂書局や何嘉仁書店以外に、一九八四年に創業した光南大批發《グァンナンダーピーファ》、一九八七年創業の諾貝爾書城《ノーベルシュウチョン》、日本から進出した紀伊國屋書店、一九九三年創業の墊腳石文化廣場《ディエンジァオシーウェンホアグァンチァン》などがあり、すべてが有名となり、今でも存続している書店チェーンである。新刊の販促活動とベストセラーランキングを通して、これら書店チェーンは台湾の書籍市場に新しい消費習慣を持ち込み、人々の書籍に対する見方や創作の姿をも変えたのだった。これらの変化が台湾にどのような影響をもたらしたのかについては、後世の評価を待つのみである。

誠品書店《チェンピンシューディエン》

文：天母書廬《ティエンムーシュールー》　陳昭璇《チンジャオシェン》

いつの頃から、古くて保守的な書店産業が、トレンド最先端の「ファッション」ブランドとなったのだろう。いつの頃から、人々が書店を訪れるということが、本を買うだけではなく、レジャーを楽しむ象徴にもなったのだろう。

群を抜いて流行の最先端を走るのはもちろん書店チェーンの誠品書店である。あるいは広義に誠品生活商場と言うべきだろうか。

台北市中山北路七段（台北市・MRT石牌駅・東側）にあった誠品書店中山店は、当初は芸術・人文系の書籍を中心に販売し、そのジャンルにおける専門的イメージは台北文化圏のトレンドとなった。芸術鑑賞が芽生えはじめた裕福な台湾のあの時代に、旅行、絵画、音楽がある種の強いブームを織りなした。誠品書店に入ると、まるで芸術の庭園を訪れたかのようで、砂漠がオアシスとなり、心の中の欲求や精神が解放されたいという願いが満たされた。戒厳令が解除されたばかりの時代であったため、長く戒められていた体が手足を伸ばしたことがないように、少しずつ手足を動かしては伸ばしていき、固まった筋肉が徐々に自分の姿を作り上げていくようであった。そんな時代、誠品書店は無限のイメージと可能性を提供し、過去に束縛されてきた心も、豊かになっていった。

中山北路七段の誠品書店は、禅をイメージした素朴な外装で、並木の緑と壁の灰色が調和し、わざわざ座禅などせずとも、静寂で涼しい雰囲気を醸し出した。美しく磨かれた木材のフローリングが人々を招き、床に座って壁一面の本に囲まれ、その一冊一冊の本に自分の心のあり様が映し出されているかのようだった。午後の時間が刻一刻と流れていき、光と本棚の影も少しずつ移ろいゆく。本は心の糧となり、知識に飢えている味蕾は、遠方の豊穣を求め続ける。過ぎ去る日々の中で、少年からお年寄りまで、禅スタイルの誠品書店は、美しいひと時を人々の記憶の中にどれだけ留めておけるのだろう。永遠というのはもう想像の世界ではなく、現在進行形の、人々が手を伸ばせばすぐ触れることのできる確かな存在である。しかし、いつの間にかこの誠品書店中山店も幕を閉じた。代わりにスポーツジムができ、本は体を鍛える機器に置き換わった。永遠は所詮人々の記憶の一部でしかなかった。

現代の都会生活の夜は、誠品書店の存在でもっと眩しくなった。二十四時間営業の敦南店[*89]はすでに台北の夜型人間（夜更かし族？）の楽園となり、この書店は雑誌『TIME』の読者投票で二〇〇四年、アジアで一番の書店に選ばれた。まさに書店業界の頂点に立とうとしているのだ。二十一世紀に入り、誠品書店はどのようなことでまた話題を呼ぶのであろうか。

書店は徐々にファッションの飾り物でしかなくなり、ショッピングモールの

＊89　二〇二〇年五月三十一日に閉店。

表の店舗は輸入品のセレクトショップに変わっていった。書店はいつの頃から第一線を退いたのだろう? 目立たない存在になったのだろう? リアル書店の存在価値と意義は果たして何か? インターネットという波が押し寄せて来た時代において、書店で起業した誠品は、書店という産業をどう見ているのか? リアル書店の存続価値は未解決のまま、もう一つの「文創」(文化クリエィティブ産業)のブームはすでに起こっており、誠品は次にどのような旋風を巻き起こすのだろうか?「文創」の本質と実践はどのように、産業構造に影響を与えるのだろう? これらの課題には多くの人が興味を持ってくれると信じている。

一九八〇年代に台頭した誠品書店は、戒厳令が解除された後の貧しい心を満たしたが、資本の流れが速くなったこのインターネット時代において、現在の誠品が実店舗として、いかにしてこの未曾有のバーチャルブームで生き残ることができるのか。経営者はしっかり考えていると信じている。

瓊林書苑《チィオンリンシューユエン》、古今集成《グージンジーチエン》、讀書人文化廣場《ドゥーシューレンウエンホアグアンチャン》、田納西書店《ティエンナーシーシューディエン》

●地域型大型書店

消費社会において昔ながらの書店の一番の悩みは、やはり「スペース不足」である。書籍の出

販点数が急増し、様々な文房具商品も目まぐるしく出回っている。文房具販売がメインの地方書店は本を陳列する空間があまりなく、書籍販売がメインの書店はチェーン店並みの文房具の品揃えがなければ、若者にとって魅力不足である。「何でもある」というのが書店の主流となり、二十坪や十坪以下の古い書店が、このような競争で敗れていくのは当然のことであった。

そのため、八、九〇年代に新しく開業した書店は、特殊な店（「第四篇 独立の声」で紹介）を除き、ほとんどが一定の規模を有する。資金も野心もある昔ながらのいくつかの書店も、店舗の営業面積を広げようとしていた。

●花蓮市　瓊林書苑

一九八一年前後に花蓮市で開業した瓊林書苑は、数度の移転を経て市の中心部である光復街へ移り、花蓮市民のよく知る「大型」書店となった。三階建ての店舗一階は一般書籍、参考書、雑誌が陳列され、二階には文房具、ギフト類、紙類であったが、後に三階の児童書コーナーと合併し、二階はカフェに改装した。

その土地で三十年もの間、根を張ってきたが、光南大批發や政大書城《ジョンダーシュウチョン》などのチェーン店の進出でシェアを奪われ、ついにはこの光復街の本店も、二〇一三年三月三十一日をもって閉店を余儀なくされた。現在実店舗は慈濟大学内のキャンパス書店のみである。

●新竹市　古今集成

一九八五年、苗栗県南庄郷出身の三十過ぎの若者が、五南《ウーナン》出版社で十年間培った経験を活かし、新竹市の中正路で「金鼎獎《ジンディンジァン》書店」を開いた。五年後、「古今集成」を開店、三百坪を有する店舗は当時新竹地区において、売り場が最も大きな書店であった。三階建ての店舗には、一階は一般書籍、理工書、パソコン専門書など、二階は参考書と文房具、人文社会学系の書籍があり、児童書コーナーも開設し、三階はギフト売り場で、パソコンコーナーも併設した。またカフェもあり、書店が揃えられるものは全部揃っている形であった。

しかし時間が経つにつれ、古今集成は三階から二階に縮小し、さらに一階の一部が服飾店になり、最終的には二〇〇八年に閉店した。

●嘉義市　讀書人文化廣場

嘉義市にある讀書人文化廣場は一九九一年に中山路噴水ロータリーの近くで開業した。嘉義市の中心部にあり、交通の便がよく、三階建ての店舗の品ぞろえも豊富であった。特に三階にあった自習室は多くの嘉義人の学生を支えてきた。

しかしこのローカル書店も、ネット書店との低価格競争や、取次商との官公庁の入札競争に敗れ、二十年以上存続した讀書人文化廣場は二〇一五年六月に幕を閉じ、経営は嘉義のローカル企業「承億文旅集團」に引き継がれた。引き継ぎ後の讀書人文化廣場がどんな形で生まれ変わるのか、ただ期待するほかない。

●雲林県斗六市　田納西書店

故郷に知識への窓口を作ってあげたいという夢を抱き、台北から雲林に帰ってきた廖瑞標《リァオルイビァオ》は、斗六市で田納西書店を開いた。店舗の一階と二階は書籍と文房具売り場で、三階は講座やイベントができる芸術人文空間である。

二〇〇〇年の開業以来、田納西書店は創業当初の理念を貫き、書店が地域住民の生活の一部となることを目指している。大型書店が次々と閉店する中、田納西書店のこだわりは、地方大型書店の中でも異例といえるだろう。

地方書店漫遊

Column 3

書店散歩【台南篇】

文：林檎二手書室《リンチンアールショウシューシー》　林檎書《リンチンシュー》

台湾の起源だと言われている台南を語るには、数百年前の明朝時代に遡らなければならない。鄭成功が父の家業を引き継ぎ、福建省から移民を招集し、台湾に渡り開墾をした。彼らが最初にたどり着いた土地は台窩湾《タイウォワン》と呼ばれていた。また古文書によっては台湾や大員《ダアユエン》とも記されており、いずれも現在の安平《アンピン》にあたることから、台湾という地名は台窩湾（安平）が由来であることは確かなようである。

民権路の開発はかなり昔から始まっており、その前身は十七世紀オランダ植民時代に作られた普羅民遮街《プゥルオミンジァ》であった。台湾四大名園の一つである呉園《ウーユエン》は、現在でもきちんと保存されており、新婚のカップルがウエディングドレスを着て撮影する姿も見られ、数々の愛の歌を残してきた。数十年前の民権路に「興文齋《シンウェンチー》」という書店があった。創業者の林占鰲《リンチェンアオ》は日本統治時代に生まれている。幼い頃に両親が亡くなり、ややゆとりのあった暮らしが一変し、親戚の家に居候することになった。あの激動の時代に、恩師の蔡培火《ツァイペイフォー》の影響で書店を開くことを決めた。漢族文化の復興を掲げ、日本の植民統治に抵抗するという思いを込めて、「興文」と名付けた。後世に受け継がれた書店は現在、興文齋幼児園となっている。

●安心立命のための養分「深耕書房《シェンケンシュージー》」（閉店）

台南人の頭の中には「ノスタルジックゾーン」というものがあるのかも知れない。古いものへの愛着が格別であるためか、台南にある書店も古本がメインである。新刊の書店より、古本の書店の方が強い生命力をもっているようだが、この数年間で閉店した店の数も少なくなかった。試しに台南市の地図を開いてみると、まだ営業している書店の間に、幕を閉じた書店の影が潜んでおり、この十数年で閉店した書店は、私が覚えているだけでも二十五軒はある。二〇〇六年に開業した成功《チァンゴン》大学の正門前の大学路十八巷にあった「深耕書房」は、台湾南部には珍しい新刊書店であったと記憶している。明るいガラス張りに詩が書かれており、近年流行りのガラス詩はすでに、当時の深耕書店に蝶々のようにひらりと舞っていた。

二〇〇九年に深耕書房は「休耕」した。愛書家たちは当時のブログに名残を惜しむ様々なコメントを残したが、どれだけ名残惜しくても、一軒の書店を続けるほどの重荷は背負えないであろう。引き留めても悲しくなるだけである。書店が存続している間に、愛書家たちが実際に購入し応援してこそ、大切な店が安定し続けていくための養分となるのではなかろうか。

●墨趣森林「墨林《モォリン》」、上善若水「若水堂《ルゥシュイタン》」

大學西路《ダァユエシィルゥ》の、とあるコンビニの隣の路地におじさんが営んでいる大判焼の露店がある。ひとつ五元の大判焼にはあんがぎっしり詰まっている。ずっと値上げをしないおじさんのそばでは、米を突っついているスズメを時々見かけることがある。運が良ければおじさんが米を撒く瞬間も目にすることができるだろう。そのコンビニの地下に墨林二手《モォリンアールショウ》書店《シューディエン》がある。立地もいいが、何よりもしっかりとした経営を行っている。地下であってもお客さんに圧迫感や陰気さを感じさせない。店に入ったところに十元均一コーナーがあり、お客さんがしゃがんで宝探ししている姿をよく目にする。同じ建物の三階に簡体字の書店「若水堂」があり、知り合いの成功大学の学生はここで分厚い音楽大年鑑の取り寄せを頼んだことがある。彼によると、ここには台湾でなかなか目にすることがない出版物がたくさんあるのでよく店を訪ねるそうだ。

●漫画の修復達人「頑皮族《ワンピィズウ》」

大學西路を台南駅に向かってさらに歩き、育樂街《イウラァジエ》に入った所に漫画専門店の「頑皮族舊書店《ワンピィズウジュシューディエン》」がある。ネット販売も行っている頑皮族のメイン商品は全巻セットの漫画である。二階に上がればファンタジーや恋愛小説もたくさん並んでおり、一番奥に翻訳文学と中国語小説のコーナーがある。頑皮族の一番大きな特徴は、一流の本を研磨する技術である。漫画を仕入れると、まず三面を研磨にかけ、カバーをつける。棚にある漫画はすべて補修整理されている。松

墨林二手書店の外観と店内

本大洋の漫画全巻セットを見つけたこともあり、このような日本のレジェンド級漫画家の希少な作品は価格もそれなりに高くなる。本の研磨について、自分の店に漫画ファンを招いて様々な意見を聞いたが、実は、本を研磨すると紙の状態が弱くなり、紙質が劣化していくらしい。できれば、古本は手を掛けずに古いままの状態にしておいてほしいという。だがきれいに研磨し、包装された本の方が販売しやすいのも確かなことである。

●異国の古本屋「貧乏物語《ピンファウゥユゥ》」（閉店）、気前がよく声の大きい「國民舊書《グォミンジィュシュー》」（閉店）、謎に包まれた「聚珍堂《ジュヂェンタン》」

記憶が正しければ、育樂街に「貧乏物語」という古書店があり、その前身の店名は「古本屋」だった。オーナーの妻はベトナム人で、店にもベトナム語の本が数多くある。貧乏物語は二〇一〇年の八月中旬に閉店を決めると、段階的に売り尽くしセールを行った。本の値段はすべて百元、八月末まで毎日十元ずつ下げ、最後の二日はワンコイン（五十元）で本が買えるというので店内は大騒ぎ。本を選ぶというより、むしろ奪い合いであった。私たち夫婦もその奪い合いの人だかりの中にいた。持参した小さなスーツケースに本をいっぱい詰め込み、原付バイクに乗ってゆっくりと帰路に着いた。

「当店は店舗が片付き次第、幕を閉じる。」これは南区國民路にあった「國民舊書」の店主が当時SNSで残した言葉だった。貧乏物語とは違い、國民舊書は閉店前に至るところの同業者に電話をし、どんどん売りさばいていった。当時、私たちも連絡をもらい、店に行き、四百冊ほどを選んだ。「小林書店《シァオリンシューディエン》」の店主もいて、本の買い取り金額について話がまとまらず、最後はお互い一歩引いて合意したようだ。國民の店主はその後、私たちの店に何度か来ることがあり、簡体字の本ばかり探していた。うちの店でほしい本がなくなると他の古書店を紹介してあげたこともあった。閉店後の店主は、あちらこちらとぶらぶらする余裕ができたようだった。

貧乏物語は安南区の自宅に移転し、店名を「聚珍堂」と変え、営業を続けているようである。

●北の島の上の真夜中の門「校門口書店《シァオメンコウシューディエン》」(閉店)

育樂街と民族路界隈の、国立台南第一高等学校付近にあった「校門口書店」は何年か前に静かに姿を消していた。先日、珍しくRoom Aでのんびりとブランチをいただいている時に、本棚に中国詩人北島《ベイタオ》のエッセイ集『午夜之門《ウウイエジイメン》』があることにはっと気づいた。本の裏には「校門口」の値札が貼ってあった。本の中にこのような一文がある。「人類は孤独を避けるために寄り合うのだ」。書店というものはそういうものではないか。このまままだ一人で戦っていてもいい結果が出ず、しんどいだけだ。噂によると、「珍古書坊」が校門口を引き継ぎ、元の場所でしばらく営業した後、店を正式に閉じることになったそうだ。

●音楽と本のハーモニー「珍古書坊《チェングウシューファン》」

台南駅の裏側はレンタカーショップの密度が高いことを、台南を訪れる観光客はみんな知っている。電車で台南に遊びに来れば、ここで原付バイクを借りて古都を回り書店も覗いてみる。「珍古書坊」はこの駅裏の繁華街にある。絶好のロケーションに店を構えている珍古は、元々新孝路の大台南観光城商店街にあった。書店の引っ越しは気が遠くなる作業であり、想像するだけでも耐えられないが、まだ店が続けられていることは何よりである。珍古は音楽CDも販売している。地下室にレコードとステレオ機器が数多く並んでおり、まるで個人のラジオ局だ。店主の許さんの兄弟に、惟因レコード*90（惟因唱碟《ウェイインチャンディェ》）の経営者と文学作家の許達然《シィダアレン》がいる。本と音楽はこの兄弟の生活の中では必要不可欠なものなのである。私はかつて許達然の出世作であるエッセイ集の『含笑的涙』を店の値引きコーナーに陳列したのだが、すぐに売れてしまったことがあった。今から思えば、自分の無知を恥じるばかりだ。

●古い樹に守られている「金典書局《ジンディエンシュージー》」、「富東書局《フードンシューディエン》」

珍古の向かい側に、新刊書店の「金典書局」がある。台南駅の隣の旧台鉄倉庫の中に位置し、天井の高い倉庫の空間を書店にできるのは経営者の理想である。台南駅の裏の前鋒路《チェンフォンルウ》には「富東書店」がある。複数の本を買うと安くなる

*90　一九八七年頃に台南で開業した台南最古のレコード店と言われている。店名はオーストリアのウィーンが由来。

キャンペーンコーナーがあり、店主の奥さんと一緒に店番をする、毛並みの綺麗なダックスフントの看板犬もいる。隣が山羊料理店なので、本を選ぶ時はいつも美味しい食べ物の匂いが漂ってくる。本という心の食糧も生活に不可欠な必需品だということを感じさせられた。

●古い店が消えては新しく店が現れ　弛まず進んでいく本業界
「北門《ペイメン》」「成功《チャンコン》」「文成《ウェンチャン》」「奇美《チィメイ》」「敦煌《ドウンファン》」「金石堂《ジンシータン》」

台南駅前の北門路は、かつて博愛路《ボーアイルゥ》という名前であった。当時の博愛路は書店がずらりと軒を連ね、まるで台北の重慶南路の書店街のようであったという。現在は古本と参考書専門の「北門」と「成功」を残すのみとなったが、この二軒の経営者は同じである。東門ロータリーの近くに「文成」があり、北門路と民族路交差点付近に「奇美」がある。

　駅の近くにはいつも新刊書店がある。「敦煌」は一九九九年に開業し、いまは英語学習と児童書絵本がメインである。「金石堂」中山店は一九九二年に開業し、今は新営と駅裏の遠東百貨店地下に支店が残っている。二〇一五年、西門路の新光三越百貨店にある金石堂が閉店を決めた。このことを知ったのは金石堂で勤めていた友人からの連絡で、金石堂の本の一部を譲ってくれたからである。新光三越に書店がなくなるということは信じられないと、当時友人が嘆いていたが、しばらくすると「無印良品」が金石堂の跡地に飲食も提供する複合式書店を開業し、低迷している書店業界に新しい風を吹き込み、ブームを巻き起こした。

●君の名は「小阿姨《シャオアーイー》」（閉店）、「文笙書店《ウェンションシューディエン》」（閉店）、「草祭水又中心《サアオジーシュイヨウチョンシン》」（閉店）

「小阿姨」という店を知ったのは、この本は小阿姨から仕入れたのかと、店に来たお客さんに聞かれたからである。しかし小阿姨という人を聞いたことはなく、ましてそこから仕入れるなんて失礼な話である。知り合いの話によると、北門路にあった「小阿姨」はすでに何年か前に姿を消していた。ある年配の本好きの友達によると、北門路にある古本屋が東門路に移転したと記憶しているという。もしかすると「小阿姨」が東門路に移転し、「文笙書店」に改名したのかも知れない。しかし、これはあくまでも憶測で、確証はなかった。

北門路の路地裏に「草祭水又中心」という書店があった。二〇〇四年に開業、二〇〇六年に南門路孔子廟の向かい側に移転し、店主の蔡さんの苗字を分解した「草祭」に店名を変えた。将来に前向きな姿勢を維持し、消えずに続けることができれば、その書店は必ず自分の生きる道と存在意義を見出すはずである。[*91]

「文笙」は東門路にあり、開放的な経営方針で、そのスタイルは北門路の「文《ウェン》成《チャン》」と少し似ている。シャッターが開けば営業時間の始まりだ。古本屋にしては広い店舗であった。仕事帰りによく書店で時間をつぶす友人は、ここで昔のLPレコードや懐かしいアルバムを見つけたことがあるという。「文笙」は二〇一四年に閉店した。今まで本探しの旅では多くの書店が現れては消えていく

*91　草祭二手書店の詳細とその後は、本文二一三ページ及び訳注を参照。

のを見てきたと、年配のお客さんが言っていた。彼は自分の湧きあがり続ける読書欲を満たすために、書店のある所を探し出しては赴くしかないのだ。

●東門圓環《ドンメンユェンホワン》に漂うパンの香り「府城舊冊店《フウチアンジュツエディエン》」

清の時代に建設された東門城は別名大東門あるいは迎春門と呼ばれ、清朝台湾府城の十四城の一つであった。三級文化財の大東門の横にパン屋があり、その隣にある「府城舊冊店」に入る時、パンの香りがしばしば漂ってくるのが印象的であった。府城舊冊店は、親戚でも夫婦でもない、潘《パン》姉さんと潘兄さんと呼ばれる二人で切り盛りをしている。店内には年季の入った古本が数多くあり、一冊一冊ビニールカバーできれいに包まれている。府城の最初の思い出は数年前、夫婦二人で高雄「善理書房《シャンリイシューファン》」（閉店）を代表し、府城が主催した書店連盟討論会に出席した時だった。当時の参加者は「成功」、「金萬字《ヂンワンズゥ》」、苗栗の「軼田《イィティエン》」、台中の「黒輪《ヘイルウン》」などの書店であった。潘兄さんは、同業者同士が力を合わせ、低迷している本業界を盛り上げたいという思いを台湾語で語った。府城は台湾語文学やローカル文化に対してずっと尋常ではない熱意を抱いている。二〇一四年に政府の補助金を受け、季刊『蔵書之愛』を出版した。この本はネットオークションでの古本の落札価格を掲載しており、その落札価格から古本の希少価値を窺うことができた。

●台湾建築と文化財の出版社「全台首學書房《チェンタイショウシュエシューファン》」（閉店）

台南にはオランダ統治時代に建てられた安平古堡《アンピングウパオ》や赤崁樓《チィカンロウ》があり、明代鄭成功時代に建てられた「全台首學」と呼ばれる孔子廟もある。この古都には、今でも城壁遺跡や廟、日本統治時代以来保存されてきた建築物が数多くある。十数年前、孔子廟の向かい側には成功《チュワン》大学教授傅朝卿《チュワンチャオチン》が設立した「台灣建築與文化資産出版社」があり、同じ年に同じ建物で「全台首學書房」というテーマ型書店も開いた。主に自社の出版物と台湾建築文化関連の本を販売していた。私の店で買い取った本の中に、『台灣書店地圖』が一冊入っていたことがあった。その本の裏に全台首學書房のシールが貼られてあり、二〇〇五年五月購入と書いてあった。しかし、全台首學書房はもう存在していない。計算してみると、開業は恐らく一九九八年頃であろう。

●古本屋の代表格「草祭《サァオジー》」、ハロー！猫の鳴き声をまねする看板オウム「金萬字《ヂンワンズゥ》」

孔子廟と言えば、台南の書店に少しでも詳しい愛書家であれば「草祭」をすぐに思い浮かべるだろう。草祭は古本という価値を、台南を代表するブランドにまで押し上げた。本を探しに来た者は本のみならず、その建物自体に深い興味が湧いてくる。店を開業して十年が過ぎたとき、草祭は店の敷居を高くすることにした。それは、百元で会員カードを申し込んだ客のみが入店ができるようにし、店内の本を購入すれば百元引きとすることで、会員費を還元できる仕組みであった。この会員制度を通して、愛書家は都会の喧騒に邪魔されることなく、心ゆくまで本を選ぶことができた。また、草祭は「老屋欣力」[*92]プロジェクトの手本として評価された。古い建物は店主のアイデアにより再生・保存され、新しい可能性が生まれたのだ。

孔子廟から歩いてすぐの所にある「金萬字」は年配の方がよく知っている台南の老舗書店だ。新化区に住む私の叔母も知っていた。金萬字は六十年以上の歴史があり、西門路から現在の忠義路に移り、今は二代目が経営している。この老舗が愛書家の心をつかんだ大きな理由はその営業時間にある。以前、台湾南部にデング熱が流行した時、多くの住宅が室内消毒を余儀なくされたことがあった。そのとき台南大学の学生たちは朝早く起きても行く場所がなかったのだが、幸いにも金萬字が朝十時から営業していた。うずうずしている読書欲を満たすことができ、ついつい一時間以上も長居してしまった。そういえばあの消毒の日、私の店の若いお客さんも借家から追い出され、「どうして家から一番近いこの林檎二手書室の営業時間が昼からなんだよ」と文句を言われたことがあった。

●**「古文明書坊《グウウェンミンシューファン》」**（閉店）、**東寧路「無名古本露店」**

開山路《カイシャンルウ》にある延平郡王祠《イエンピンジュンワンツィ》は別名、開山王廟《カイシャンワンミャオ》や鄭成功廟《チョンチャンゴンシャオ》と呼ばれている。鄭成

*92　台南市NGO団体古都基金会が手掛けたプロジェクト。リノベーションして再活用された古い建物の例を調査・表彰することによって人々の古い建物への関心を集める。古い建物はそのまま保存するのがすべてではなく、現在の生活で活用できてこそ、土地の歴史と文化を人々の心の中に残せるという理念を元に活動を行っている。

功の母親が日本人であることもあり、日本統治時代には開山神社と改名された。当時の鳥居は今でも鄭成功文物館に保管されている。府前路《フウチエンルウ》と開山路の交差点に、店の入り口から刀を佩いている鄭成功の乗馬像が見える古文明書坊がある。記憶の中では、古文明が営業時間通りに営業をしている覚えがあまりない。本の種類も多くなく、DVDなども販売していた。今年（二〇一五年）十月、台南第一高等学校の学生が出版した『府城文青地圖』の中に古文明に関するインタビューが掲載されていたが、ひと月も経たずに店のシャッターに貸店舗のチラシが貼られ、予告もなく閉店していた。噂によれば、本の多くは東寧路《ドンニンルウ》にある雑誌がメインの「東寧古本露店《ドンニングウベンルウディエン》」に回したらしい。恐らくは同じ経営者なのだろう。

●春眠暁を覚えず「思潮二手書房《スウチアンオアールショウシューファン》」（閉店）

台南にはおしゃれなカフェが多い。その中でも長榮路《チャンインルウ》の路地にあるRoom Aは特に人気がある。ゆっくり食事や読書ができる空間があり、壁一面の木製の本棚は人の心を和ませる。陳列された本からは経営者の選書センスが窺える。大南門《ダアナンメン》は台南市内で保存状態が最も良い三級文化財である。二〇〇三年、店主の呉《ウウ》さんはその大南門の近くの南寧街《ナンニンジエ》に「思潮二手書房」を開いた。二〇〇五年に蔡さんと共同で「墨林二手書店」を開業したが、二〇〇七年に墨林の経営から手を引き、思潮も閉めた。同年、縁があって長榮路の路地に静かに佇んでいる古い平屋を見つけ、理想の平屋でカフェRoom Aを開いた。台南で書店とカフェを営んでいる二人の名人が、かつて一緒に本の買取を行っていたかと思うと、想像を膨らませるさまざまな情景が浮かんでくる。

●雲の上で漫歩「雲海二手書店《ウンハイアールショウシューディェン》」、城の南にある「城南舊肆《チァンナンジィウスィ》」

明朝末期、寧靖王《ニンジンワン》が鄭成功と共に台湾にやってきた。しかし、鄭克塽《チョンクェシュワン》が清に降伏した時、寧靖王は自死を決意した。自分が死んだ後、再婚か家を出て別に暮らしを立てて良いと、死ぬ前に妻妾五人に伝えたが、五人とも寧靖王に追従すると意を決し、次々と中庭で首をくくって自死した。寧靖王は自ら五人の妃を南門城の外の魁斗山《クイドウシャン》の裏に埋葬した。現在の五妃廟《ウウフェイミャオ》の場所である。その後、寧靖王も自死した。小ぢんまりとした五妃廟は夫への忠貞を守り抜いた女性を祀り、その精神は人々を感服させるものがある。これから台南を訪れる恋人同士や夫婦たちは、必ずここにお参りをして、一生の愛を誓いましょう。

さて、五妃廟から程近いところに二軒の書店がある。南門路にある「雲海」は二〇〇六年に開業し、一冊一冊の本で一面の雲海を織りなす。こぎれいな空間の中に、一台の古い自転車が置いてある。後ろに何冊かの本が載せられ、本を持って放浪の旅に出るような趣がある。店主の鄭《チョン》さんはブログでこう書いている。書店を開くという子供の頃の夢がやっと叶った。しかし、夢が叶った後は責任の始まりである。本に愛着が湧いてきたので、ますます頑張らなくてはと思うのである、と。

草祭と墨林が台南の本業界で軌道に乗った後、二〇一四年、蔡漢忠《ツァイハンチョン》は慶中街《チンチョンジエ》で古本屋「城南舊肆」を開いた。天井の高いこの物件は元々洋食屋であった。開店前にこの店のことは業界ではすでに知れ渡り、多くの文化人が首を長くして待っていた。開店当日、私たち夫婦も営業終了後に店を訪れた。夜の慶中街は言葉で表せない美しさがあり、書店ができたことでこの街により落ち着いた雰囲気を与えた。店の前に大きなジタノキが何本かあり、その聳え立つ姿は買取も客足もどんどん増えていくことを願っているようであった。書店の近くに台南女子高等学校の裏の塀があり、それはかつて台湾府城の南の城壁の一部である。この城の南にある書店は、林海音《リンハイイン》の『城南舊事』を思わせる。

●「林檎二手書室《リンチンアールショウシューシー》」、「全名舊書《チュエンミンジィユシュー》」、「頂鋒舊書店《ディンフォンジィウシューディエン》」、「小林書屋《シャオリンシューウー》」（閉店）

書店を開くなら学校か繁華街周辺がいいと言われているが、「林檎」の物件を探す時、それを第一条件にはしなかった。最も考慮すべきは家賃を負担できるかどうかである。二〇一二年、林檎二手書室は國華街《クオホアジェ》に入ってすぐの場所にオープンした。住宅街に古本屋を開くなんて、と多くの人は不思議に思ったが、はっきり言えば家賃が負担できる範囲だったからである。美食店の多いにぎやかな國華街の二段、三段から歩いて店に来るお客さんは今でも多い。小さくて細い國華街は台南市内を縦断しているので、台南の地を歩きながら、地元の人々の生活に触れるのも旅行の風景の一つではないだろうか。近年、健康路にある家齊高等学校と国立台南商業高等専門学校の学生たちもよく書室に訪れるようになった。書店を長く続けていると、本好きの若者も少しずつ育っていると感じる。それは少しでも社会にいい影響をもたらしてくれることだろう。

林檎二手書室の開店当初、年配のお客さんは西門路仁村医院《シイメンルエウレンツウン》の向こうの古本屋「全民」にもよく行っていたという。書室から道を二回曲がった所だ。大通りにある「全民」は昔ながらの古本屋と同じように、シャッターが開けば営業開始である。ドアがないことから通りかかる人の目によく留まるのはいいが、店の入り口が全開とあってはクーラー代がばかにならず、クーラーをつけることができなかった。

長榮路五段にある「頂峰《ディンフォン》」は昼間には電気をつけないらしい。お客さんが来たら「本たちよ、起きてくれ。身支度をするんだ。お客さんがお見えだよ。」と言わんばかりに電気をつけるという。「全民」の店主はごみ収集場で本を掘り出してくる。いつ行けば入荷したての本を買うことができるのか、常連さんはみんな知っている。本の値段はほとんどが定価の六割引きである。書室の本の価格を「全民」と比較するお客さんは少なくない。これは書店同士が近いからだと思うが、他の書店も同じような悩みがあるらしい。書店の経営者としてこれを知って少しほっとした。値段を比較されるのは同業者としてどうしても避けられないことなのである。

國華街と並行する夏林路《シャリンルウ》は海安路《ハイアンルウ》と繋がり、有名な海鮮レストランが数多く軒を連ねている。食事時になると、路上駐車で車がいっぱいになり、並列駐車をする人もいる。こういう時、原付バイクに乗っている人は大体路地に入る。都会の路地を行き来するのも面白いものである。夏林路に「小林《シャオリン》」という書店があり、ファンタジーや武侠小説、漫画を販売している。（林檎二手）書室は小林から本棚を買ったことがある。レンタル用の本棚こそ本のために設計したものだと私は思っている。幅がちょうどいい。しかし、こういう本棚を大量に置くと、店内の見栄えが悪くなる。もちろん、このような棚はDVDやCDを置くのにも適している。

小林は本棚の制作依頼も受けていた。文武両道に長けているというのに昨年、閉店したらしい。本友達のうわさによれば、安平区に「安平書屋《アンピンシューウー》」という店があり、経営形態は小林と似ているらしい。先日、台北から来たお客さんによれば、彼女は安平書屋に行ったとき、店主がテーブルソーで本棚を作っているのを見たという。小林の店主は今でも本業界で頑張っていると信じている。

●「好望角《ハンワンジャオ》」（閉店）、「大成《ダアチアン》」（閉店）、「廉價圖書《リィエンジアトウシュウ》」（閉店）

大成路《ダアチアンルウ》の亞洲餐旅學校《ヤアチョウツァンリュシュエシァオ》の向こう側にある、一九五七年に創立した建業中学校は、財務問題で新入生の募集を停止すると、二〇〇二年に教育部から命じられ、二〇〇八年に校舎が取り壊され、多くの教師が職を失った。府城舊冊店の店主である潘さんもこの学校で教鞭をとったことがあり、退職後に大成路で「好望角」を開いた。当時、隣に「大成」と「廉價圖書」の二軒の書店があった。数年後、これらの書店は移転するか本業界から去って行った。大成路の近くに眷村が多くあり、眷村に住んでいた退役軍人が持っている日本統治時代の本はいくつかの古本屋に買い取られた。その中には貴重な原稿や書類も混ざっていた。「珍古」と「府城」もそれらを買い取った書店である。本棚でじっくり探してみれば、宝物が見つかるかも知れない。

●「阿義舊書《アァイイジュシュー》」

台南の東部、文化センター周辺は、他の地域より古本屋が少ないらしい。住宅の密度が高く、周辺の店も生活用品がメインであるため、書店で扱う書籍も新刊書や文房具ばかりだ。さらに言えば、生活必需品ではない本では収益が上がらないことも、古本屋が少ない原因の一つかも知れない。

崇徳路《チョンデェルウ》の、とある路地の中に自宅のリビングを店にした「阿義」という書店があるようだ。本好きは今でも訪れるという。昔、不動産屋さんが私たちの店に訪ねてきて、台湾糖業の近くの物件を勧められたことがある。台湾糖業界隈に書店ができればいいと思っているようだが、ある書店の先輩が物件を見に行って、周りには飲食店が多いため諦めたという。わが店の資本金から見れば、二号店や移転など、まだできそうにもない。

●「誠品書店《チェンレンシューディイェン》」、「政大書城《ジョンダーシュウチョン》」

台南の「誠品」一号店は一九九八年、長榮路と府連路《フゥレイイェンルウ》の交差点にある、東方巨人《ドンファンジュレン》という住宅ビルの地下に開業した。二〇一三年に契約満了のため、台南市立文化センターの隣の徳安《デェアン》百貨店の三階に移転する。こんな本屋があればいいのにという本好きたちの要望が、この書店はすべて満たされていた。五百坪のフロアには本はもちろん、ＣＤや数え切れないクリエイティブな雑貨があり、珈琲も楽しめ、座って読書のできるスペースまである。誠品は徳安百貨店に活気をもたらし、瀕死状態だった台湾式ショッピングモールを刷新した。

二〇一四年、誠品生活の南紡ショッピングモール店が開業した。にぎやかな中華東路に二軒も誠品があったのだ。最も恩恵を受けたのは本好きたちだろう。安平区の文平路の高級マンションにある誠品は二〇〇九年に開業した。書室の開店前、時間があれば私自身も森林浴ならぬ、「書物浴」を浴びに行く。誠品が創り出した本に囲まれた環境は、一度はまったらなかなかやめられないものである。

新光三越がまだ台湾百貨店業界を制覇していなかった頃、台南の百貨店は東帝士《ドンディシイ》、圓典《ユエンディエン》と遠東《ユエンドン》があったと記憶している。当時の圓典百貨店は西門路の延平商業ビルにあり、台南初の商業ビルであった。中には映画館や百貨店があり、その後水商売の店も一時期入っていた。やがて経営が困難となり、数十年廃墟同然に放置されていた。通る度に聳え立つこのビルの朽ち果てた姿を目の当たりにし、切ない気持ちがこみ上げてきた。

二〇一三年、政大書城が何千万元をはたいて地下一階と地上一階の経営権を取得し、この陰鬱な建物がようやく真新しい姿に生まれ変わった。政大書城の経営方針は明らかに台南の書籍市場に衝撃を与えた。古本屋を始める前は私自身、あまり新刊書店に行くことがなかった。古本のみが読者を満足させることができると思っていた。この業界に身を置いて初めて、経営者のジレンマを、身をもって知ることとなった。

●「曬書店《シャイシューディエン》×新營市民學堂」

新營《シンイン》区にある市民學堂は二〇一一年に新營駅近くの日本家屋にオープンした。古本販売がメインだった。休業を経て、二〇一五年に中山路のカフェの二階に移転し、新刊と古本の販売、ドリンクと軽食の提供や講座の開催を行うローカル文化を広める書店となった。ここ数年来で新營区にできた個性的な独立書店であるといえるだろう。

大型書店チェーンと独立書店は値引き価格や店の雰囲気で読者たちに様々な選択肢を与える。いずれにせよ、書店の存在意義は読書の光を灯すことにある。その光はどれくらいのワットなのか、強いか、弱いか、ちっぽけなのか、明滅するネオンの光なのか、今にも消えそうな電球の光なのか、古くても今の道を導くことができる光なのか。これらの大きさや形も様々な書店には光の他、数々の物語がある。我々がそれを発見し、関心を持ち、自分の生活に取り入れ、語り継がれるのを待っているのだ。

●子供の記憶の中の書店「金華書局《ジンホアシュージー》」(閉店)、「大方書局《ダアファンシュージー》」(閉店)

台南市南区に住んでいる二十代のお客さんは、大成中学校に通っている頃、放課後によく「金華書局」で文房具や雑貨を買っていたという。当時、ガンダムのHOBBY誌の増刊号が発売され、どこにもないと友達が学校で話していたが、ガンダムファンの彼女は、なんと金華の地下で五冊も見つけたことを、昨日のことのように覚えているという。

三十数年の歴史を持つ金華は二〇一五年に幕を閉じた。人助けが好きな店主は妻と一緒に旅に出て、自ら店に残っていた文房具を過疎地の小学校に寄付したらしい。幼いころから通っていた書店の閉店を耳にするとやはり悲しいものである。故郷を離れて生活している人は、何かのきっかけがないと、故郷の変化にはあまり関心が持てないものなのかも知れない。

台南市新化区で育ったわたしの記憶の中の書店といえば、「大方書局」であった。店の前の騎楼にはいつもラミネートされたアイドルのブロマイド写真やポスター、詩的文章が綴られている栞がずらりと置いてあった。店主はいつもカウンターに座って新聞か雑誌を読んでいた。小学校のころはよく自転車に乗って、聖闘士星矢の漫画を買いに行ったものである。お嬢ちゃんはどうしてこういう少年漫画が好きなの？とある日突然、店主が会計をする際に聞いてきて、まだ小学生だった私は怖くてしばらくは店に行けなかったものだった。

「大方」で一冊の翻訳された禁書を買ったこともある。本のテーマは当時の社会で話題になり、娘が非行に走るのではないかと心配な母親は、この本を隠してしまったが、幸い本が捨てられることはなく、今でも私の本棚に残っている。弟はこの本が欲しかったらしい。その禁書と言えば、社会の価値観が日々多様化していく中、すっかり禁忌ではなくなってしまった。そんな現在だが、人々は読書をしたいままに本の世界へ飛び込み、自由自在に行き来できるようになったのだろうか。

Column 4

書店散歩【嘉義篇】

文：林檎二手書室《リンチンアールショウシューシー》　林檎書《リンチンシュー》

台南で書店といえば「草祭」ということであるなら、嘉義《ジアイイ》で最初に頭に浮かぶのは「洪雅書《ホンヤーシュー》房《ファン》」だ。嘉義の書店をより深く知るために私たちは、ベテランの書店経営者である洪雅書房店主の余國信《ユーグォシン》に話を直接聞くことにした。同業者同士の私たちにとって、苦境に立ち向かうための強い信念を聞くことができた収穫の多い一日であった。

書店を開くには時期が大切である。昔の方が書店は儲かっていた。それは取次商も同じことで、余さんは知り合いの取次商から、書籍市場の好景気は一九九九年の九二一大地震までであったと聞かされた。雲林嘉義地区の取次商は、嘉義、虎尾《フウェイ》、斗六《ドウリュウ》、新營《シンイン》の中山路《チョンシャンルゥ》だけで毎月百万元以上の集金があったが、その活況もすっかり過去のものとなった。二〇一五年の報道によれば、一九九一年創業の「讀書人廣場《ドウシュウレングアンチャン》」は二十五年の歴史に幕を閉じた。嘉義市にある書店は「鴻圖《ホントゥ》」、「良昌《リャンチャン》」、「大人物書局《ダァレンウウシュージー》」、「金冠文化廣場《ジングァンウェンホァグアンチャン》」、そしてチェーン店の「墊腳石《デェンジアオシィ》」、「金玉堂《ジンイウタン》」、「金石堂《ジンシータン》」のみとなった。「誠品」は一九九九年に垂楊路《チュイヤンルゥ》の衣蝶《イイディエ》百貨店に開業したが、その後、衣蝶が新光三越百貨店に買収されるのを経て、二〇〇九年に嘉義で唯一の店舗を閉じた。

どの地域にも文房具と雑貨の販売がメインの書店がいくつかある。その中には、公務員試験対策本と大学の教科書を販売する店もある。このような「書局型書店」は嘉義に十五軒ほどある。啟民路《チィミンルウ》に日本書籍専門店「萬友《ワンヨウ》」があり、販売している日本語の書籍は安くはない。昔は簡体字の本は儲かった。コストを下げるため、一度に大量に仕入れる。当時の売値は（人民元の）定価の六掛けであった。今となっては簡体字の本を販売する店も少なくなく、競争が激しくなってきている。

嘉義の古本屋に関しては、本の種類の豊富さが勝負だと余さんは考える。昔の露店の古本屋はほとんど名前がなく、教科書や参考書がメインだったので、おすすめコーナーやジャンル別の陳列も必要なく、内装という内装もなかった。洪雅が開店して七、八年後に現れた「達磨《ダアモオ》」は、ジャンルごとにきちんと分類された古本屋であった。

嘉義で創業した承億《チェンイイ》は近年、啟民路の自社ビルの一階を店舗として「勇氣書《ヨウチィシューディ》店《エン》」に提供した。しかし、カフェを併設する書店を独立書店と呼べるのだろうか。雲林の「虎尾厝沙龍《フウウエイツォシャロン》」は路地にあり、本とドリンクの販売の他、講座や展覧会も開催している。昔、洪雅書店が嘉義旧監獄の保存を呼びかけた時、当時まだ立法委員[*93]だった王麗萍《ワンリィピン》も協力していた。雲林の市街地にひっそりと佇んでいる虎尾厝沙龍はこの元立法委員が開いた書店である。

独立書店の定義を真剣に考えるなら、まず議論となるのは古本屋だと余さん

＊93　立法院に所属する議員。日本の国会議員に相当。

は言う。しかし、多くの古本屋の経営は独立しており、店内に独自のテーマコーナーを設置し、社会への使命感があり、地域と密接な関係を作り、NGO組織とも連携を取るなどの工夫をしている。個性的な書店と、昔ながらの書店の違いは、経営者に社会を良くしたいという意欲があるかどうかである。最も基本的な書籍の販売以外に、社会全体と交流があり、店の近所の人のみならず、積極的に学校に入り学生にも良い影響を与え、お互いの関係を深めることなどができてこそ、活気溢れる書店と言える。

「當成長和旅程　較量著漫長　你推著我　迎頭再趕上強勁的逆光
若身軀上的骯髒　能種出希望　我會繼續撲向土壤
一直到塵埃也有翅膀　能飛翔　一起照亮夢的微光」

「成長も旅も　長い道のり　あなたは私の背中を押し　強い逆光に向かう
体の汚れからも　希望が生まれるのなら　私は土に飛び込み続けるだろう
埃に翼が生え　一緒に飛び出そう　夢で見た光の射す方へ」

余さんが私たちに嘉義の書店の歴史を説明してくれている時、映画『KANO』[*94]の主題歌「勇者的浪漫」が聞こえていた。書店はまるで夢の甲子園にまい進する嘉義農林学校の野球チームの熱意に包まれているようだった。今、私たちがやっていることはすべて、一種の「独立」であり、「本で人々の心を進化させる」ことこそ独立というロマンの始まりなのである。

*94　一九三一年、嘉義農林野球部を甲子園で準優勝にまで導いた近藤兵太郎監督たちの物語を描く、実話を元にした映画。二〇一四年台湾で上映。大ヒットした。

第四篇

独立の声

一，獨立書店的萌芽

独立書店の芽生え（一九八〇年代）

八〇年代、書店チェーンの台頭に衝撃を受けた昔ながらの書店は、初めて強い脅威を感じた。重慶南路の書店街でさえ、映画『ユー・ガット・メール』[*95]の二の舞にならないよう、資本力のあるチェーン店と競争し潰される前に、早々と閉店を決断した書店もあった。地方の小規模書店は、文房具、漫画、辞書、小中学校参考書の販売といった具合に書店販売の原点に返った。この頃セブンイレブンはまだ全国に展開しておらず、量販店もまだ進出していなかった。多くの書店は所有物件の店舗であった

＊95　ラブロマンス作品。街の小さな本屋さんと、その隣に開業した大型書店の御曹司とのやりとりが物語の中心となっており、作中で小さな本屋は閉店してしまう。

ため、売り上げが芳しくなくとも、まだ何とかしのぐことができた。

一方、本の価値というのは売れるかどうかだけではないと考える者もいる。戒厳令はまだ解除されていなかったが、六、七〇年代に比べると、八〇年代は過激な西洋思想が大学を通して台湾社会に浸透していた。しかし、高価な外国語専門書は多くの大学生にとって、なかなか手が出るものではなかった。これを商機と見た者が、外国語専門書のコピーや西洋思想書籍の中国語訳を販売する書店を始めた。もちろん党外政論雑誌もこういった書店にとっては初期のメイン商品の一つであった。当然のことながら、これらはすべて発禁書であったが、本を通して理念を伝えることは独立書店にとって一番重要なポリシーであった。

実は数多くの西洋思想書籍は中国大陸からの輸入書籍であった。当時はまだ許可されていない簡体字の本を「密輸」し、繁体字に訳して出版、販売する者が現れた。理念に基づいた行動なのか、単なる利益のためなのかは別として、こういったラディカルな思想の密輸と翻訳出版のおかげで、台湾知識人の思想は古い価値観から脱却することができ、八〇年代の台湾に巻き起こる社会運動における理論の基礎ともなった。

この思想の潮流は、主に大学内で広がったため、このような書店の多くは大学付近か、あるいはキャンパス内で店舗を構えた。これは一見静かな思想革命のようであったが、後の学生運動に一定の影響を与えることとなった。このような書籍は、今となっては書店チェーンやネット書店では数多くある商品の一部でしかないが、この啓蒙的な精神は、九〇年代に次々と現れた独立書店によって引き継がれていくこととなった。

唐山書店《タンシャンシューディエン》

一九八二年、台北市新生南路の路地の地下室に、ある出版社がひっそりとオープンした。のちに近くの羅斯福路の路地に移転し、書店を開業した。移転前と同じ地下室で店を構え、これといった内装もなく、あるのはひとつひとつの本棚に囲まれた空間と、中央に置かれた様々なジャンルの最新刊を陳列する平台のみであった。これが唐山書店である。台湾で最も地味な書店の一つであり、現在台湾独立書店のランドマークでもある。

八〇年代、海外に留学していた学者が続々と帰国するにつれ、かつて危険思想と見なされた言論を台湾へ持ち込んだ。それはもう単なる政治を開放させるための自由主義の叫び声ではなく、資本主義体制全体に対する批判であり、革命思想の提唱でもあった。実は、このジャンルの本は二〇年代の日本統治時代の台湾でも出版されたことがあり、日本統治時代や国民党時代にも弾圧を受け、禁止された。現在、左翼思想の書籍が巻き返しを図っているが、昔のような影響力はもうない。第二次世界大戦後、左翼の言論は、初期の階級闘争に関する議論に比べればずいぶんと穏やかになっている。

時代の変化により、こういった思想の書籍は党外雑誌に比べれば人気がないのは明らかであった。ことわざも「赤字の商売は誰もやらないが、儲かるなら、命を落とす危険があってもやる者はいるものだ」と言っている。儲けのない商品を、あえてリスクを冒して販売する書店などないであろう。台湾の「最高学府」である台湾大学付近の唐山書店は、これらの書籍の宝庫であった。もちろん、家賃の支払いなど、店舗を維持するために教科書や党外雑誌も販売はしている。

唐山書店のオーナー陳隆昊《チンロンハオ》は、新竹県の田舎で育った客家[*96]である。本に触れるや否や読書にはまった彼は、経済的に困窮していたため、政治大学民俗学研究科の学生の頃は書店でアルバイトをしていた。兵役が終わった後も家計を担うため、陳隆昊は洋書を翻訳コピーする出版事業を選んだ。考えてみれば、この五、六〇年代から衰えることのない「海賊版ビジネス」は数多くの台湾人の生計を支えてきたのだった。

「盗賊にも信念がある」と言うべきだろうか。陳隆昊は洋書の「海賊版ビジネス」に身を投じるも、マイナーな人文社会の分野だけを選んだ。それは彼がその分野を専攻していたこととも関係するが、もう一つの理由には、社会的弱者への関心があった。権力を笠に着る者もいれば、路頭に迷う者もいるなど、社会というものは不可解なものだ。その後、唐山出版社が唐山書店を開業し、彼は思う存分様々な左翼書籍、異議を唱える学生出版物、批判性の強い雑誌を店内に並べ、出版や取次にまで協力した。当時、芽生え始めた学生による社会運動にとっては理念を広める手段ができ、さらに多くの学生に台湾が抱える数多

*96　おおよそ中国の清朝時代に台湾に渡ってきた人々の一部族。台湾の総人口に占める客家の割合は少なく、比較的マイノリティな民族集団。

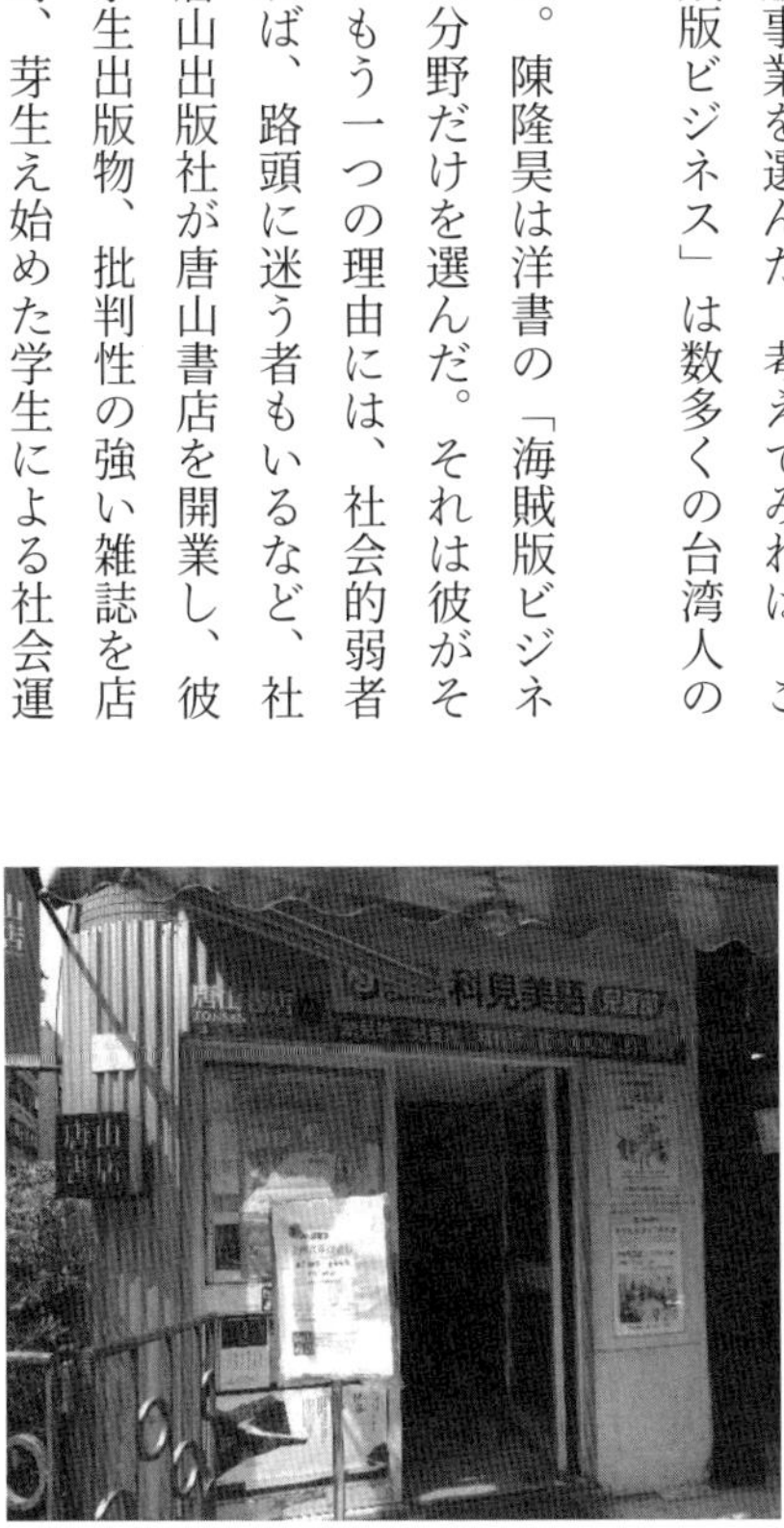

唐山書店

くの社会問題を認識させることができた。

時代の変化にともない、こういった書籍は、今となってはどの書店でも見かけるようになった。しかし数多くの出版物に埋もれ、特別な立場を取らない書店は、すべての書籍をただただ商品として扱い、理念を広める機能を果たすことはなくなった。もちろん、書店という商売は社会にとって、読書習慣を培うという意味では決して悪いことではないが、独立書店の精神と価値とは何かと考えれば、今でも初心を貫いている唐山書店は特筆すべき代表格である。

明目書社《ミンムウシューシャア》、結構群《ジイエコウチン》

明目書社は文学、歴史、哲学の学術書を中心とする簡体字書店である。以前は何店舗かあったが、現在では台北と台中に拠点を構えている。[*97] 創業者の頼顕《ライシェン》邦《バン》は哲学研究科で学んだことがあり、彼は単なる書店オーナーではなく、知識人の雰囲気をまとっている。会話に含まれた彼の批判的な性格は、内なる知識と教養によるものであって、それは気取った言い回しではない。この精神こそ、明目書社が今日まで存続した最も大きな理由なのかも知れない。

＊97　本書日本語版刊行時においては、台南にも支店がある。

明目書社は一九九〇年に開業したが、それ以前の戒厳時代に、頼顯邦はすでに台湾大学の横で簡体字書籍の露店を始めていた。台湾では哲学や思想の翻訳本が極めて少なく、学生たちはなかなかそういった本に触れることができなかった。簡体字の書籍であればそれを補うことができる。学術書の翻訳も手掛けたことがある頼顯邦は、学生に一つの思想を深く研究してほしいという思いがあった。これは学ぶ者が先見の明を持つための基礎であり、「明目書社」という名前の由来でもある。

ただ、八〇年代後半、簡体字書籍はまだ発禁書であった。販売することは即ち、政府への挑発だと見なされ、頼顯邦の露店も度々警察に摘発された。しかし、頼顯邦はその事についてはあまり気にしていなかった。ただ天気が悪い時に開店できないことで、学生が本を買えないため、天気に左右されない場所を持ちたいという思いから、明目書社が誕生した。

ただ本を売るという行為に見えるが、頼顯邦が挑戦したのは、政府の審査制度だけではなく、国家のイデオロギー装置としての大学への批判でもあった。大学が教育機能を失いつつある中、学生が頼れるのはこういった大学体制以外の知識提供者たちであった。しかも、学校が機能しても、書店における思想の啓発力は、学校よりもはるかに先進的である。その後、頼顯邦は友人と共同で『門外』雑誌を創刊した。「院中少異秀，門外多長音（学院の体制は硬直化し、異才を包容する器がなく、民間の教育機構の方が文化力も活動力も学院に勝っている）」という言葉を雑誌の創刊の辞としたことも、この考え方の実践と延長だとも言える。

その後、見栄えの良い綺麗な装丁を付けるようになった簡体字の出版物だが、明目書社は学術書を提供する初心を貫いた。最も大切なことは内容である。明目書社のように、特別な内装など必要なく、売りたいものは知識を伝達する本そのものであり、気取った中産階級が追求しているロマンチックなライフスタイルなどではないのだと、頼顯邦はいつもそう主張している。多くの人にとってこの考え方は時代遅れなのかも知れないが、頼顯邦は全く気にならないようだ。本当に必要としている人に本を届けることこそ、明目書社の目的だと考えているからだ。

この章の最後に、同じく簡体字書籍を販売している結構群書店も紹介したい。当時、結構群も禁書を扱っている露店から始まったが、やがて「翻訳本」の販売を始めた。つまり、簡体字を繁体字に変換し、結構群の名義で販売するということだ。簡体字の読めない多くの読者にとって都合がよかったのである。当時の西洋思想の著作はこのルートを通して多くの読者に触れられた。ただ、このような版権のない翻訳本は一九九二年「著作権法」の施行により、一九九四年六月十二日には世の中からすべて消失した。以降、こういったマイナーな思想系書籍も高価な版権料によって繁体字書籍市場からどんどん姿を消していった。その後の簡体字書店間の競争については、基本的には市場の争奪の問題にすぎず、ここでは割愛する。

注：この文章の明目書社の部分は「門外的一道長音」（『聽見書店的聲音vol.1』）から書き直したものです。

水木書苑《シュイムーシューユエン》

一九八七年、ある書店が国立清華《チンホア》大学でキャンパス店を開いた。創業者の蘇至弘《スゥーヂーホン》は書店を、清華大学の名前の由来である四字熟語「水清木華」から「水木書苑」と名付けた。当時、書店チェーンはまだ大学のキャンパスには進出しておらず、多くのキャンパス書店は学校との年間契約の形で経営していた。学生数が多い大学と契約を結び、キャンパス店を出店することができれば、ほぼ間違いなく利益を出すことができた。しかし水木書苑は、学生向けの一般のキャンパス書店とは異なっていた。必須科目の教科書や文房具を除けば、最も特徴的なことは、相当数の人文社会ジャンルの書籍が並んでいることであった。当時の清華大学の人文社会系には三学部しかなかったため、理工系がメインの清華大学のキャンパス内で、このような形の書店が利益を出すことはそう簡単なことではなかった。

実は、水木書苑が開業される前、蘇至弘はすでに一九八二年に交通大学博愛キャンパスの近くで「學府書苑《シュエフーシューユエン》」を開いていた。しかもこの書店も同じく人文系の書籍がメインだった。新竹地区の市場を鑑みれば[*98]、書店としてこのような経営方針を取るのはあまり理想的ではない。しかし、理工系の学生が人文書籍

＊98　新竹地区はＩＴ、先進科学系の企業や研究施設、工場が多いことで有名。

に興味がないとは、蘇至弘は決して思わなかった。また、このような書店を通して科学と人文の両方を重視する知識人を育てたいという思いもあった。このような考え方は清華大学のキャンパス店である水木書苑にも引き継がれ、当時のキャンパス内の書店にはない特色ある書店となった。

開業当初、水木書苑は現在の清華大学の風雲楼の左斜め前、今の水木生活センターの二階にあった。書店内に書籍や文房具が陳列され、小さなカフェも併設されており、反対側の一角にシアタールームもあり、時々上映会が催される。その後、書店が現在の場所に移転し、カフェやイベントのできる大きな空間となった。古本の交換や絵本コーナーが新設された。人文書がメインの方針は変わらず、近年は小規模農業の農産物やエコ商品も増えてきた。

キャンパス内にいながらも水木書苑は、自分の立場を進んでアピールするだけではなく、キャンパス内で、それと関連する理念を広めるための活動も行っている。土地や環境問題には特に力を入れている。蘇至弘は水木書苑を通して様々な講座やイベントを開催する他、二〇〇九年には教授の王俊秀らと「緑市集協会」を設立した。地方農業の重要性や人・土地・環境との関係性を伝えるため、キャンパス内で竹とんぼエコマーケットを開催した。二〇一一年、日本の福島原発事故の後、この「原子核工学」をメインとして台湾で学校を再開し、しかも「原子炉」を有する大学のキャンパス内で、「原子力反対」の旗を掲げた。学校側が干渉しないからできた活動だとは言え、書店の経営にはどうしても響くだろう。唯一の拠り所はオーナーの理念と意志である。

今日ネット書店の価格競争やリアル書店の低迷という状況に直面し、蘇至弘は二〇一四年に多数の書店経営者を集め、独立書店向けの取次会社「友善書業合作社」を設立した。取次の機能を発揮することで、小型書店や僻地の書店の仕入れ問題を減らしたかったのだという。無論、商売の成否を予測することは難しいが、水木書苑が長い間キャンパス内で行ってきた地道な努力と同じように、この先「友善書業合作社」も強い生命力と影響力を発揮することだろう。

二，自主發聲的年代

自分の声を上げる時代（一九九〇年代）

戒厳令が解除された後、台湾における社会運動はますます盛んになった。一九九〇年の野百合学生運動[*99]は台湾の政治権力の構造を変えた。一方、九〇年代初め、台湾社会における様々な問題はまだ重要視されておらず、更に言えば認識すらされていない状況であった。第四原子力発電所反対運動について当時は、環境保護団体や社会運動家、野党議員、そして原発のある貢寮《ゴンリャオ》の住民のみの問題であるかのようであった。社会改革の声が高まっていくが、反社会的勢力の中から議員や議長が続々と当

＊99　一九九〇年三月に起きた学生運動。三月学生運動とも言われる。

選し、警察の拷問による供述のみで、裁判官は証拠のないまま、死刑の判決を下すことができた。

七〇年代に入ると女性の権利を主張する声が出はじめる。しかし「婦《フー》女新知基金會《ニュシンチィ》」[*100]が成立する八〇年代まで、台湾におけるジェンダー平等推進運動は常に軽視され、社会運動の中で訴えつづけるしか方法がなかった。そんな中で九〇年代に入ると、数人のフェミニストたちが中華圏で初のフェミニズムをテーマとした書店を開業。書店と書籍の出版を通し、フェミニズム運動の情熱を持続させることで、台湾におけるジェンダー運動が様々な形に発展していった。

同じ条件の下に、LGBTの社会運動も九〇年代から始まった。「我們之間」や「同志工作坊」などの同性愛者団体も次々と設立され、同性愛者の権利を訴えた。雑誌『熱愛』の創刊により、LGBTのコーナーが書店の一角を占めることとなった。二十世紀末、中華圏初のLGBT書店が台湾で開業し、LGBTコミュニティーの重要な拠点の一つとなった。

書店が社会運動に参加することや、社会運動の拠点になることは、九

*100 一九八二年に設立された台湾初の女性人権NGO「婦女新知會」を前身とする。一九八七年に婦女新知基金會と改名。

〇年代の幾つかの独立書店の開業の目的であったとも言える。九〇年代の末に「濁水渓より南の地域で一番活躍している本屋」と自称する書店が嘉義で開業した。書店のオーナーは蒋渭水を目指すことを公言し、書店を通して人々に呼びかけ、様々な社会運動に積極的に参加し、地域の重要な文化的な存在となり、二〇一〇年代、多くの新しい書店の模範となった。

女書店《ニュシューディエン》

文：楊英瑛《ヤンインイン》

女書店は一九九四年四月十七日に開業した、中華圏初のフェミニズム専門書店である。「女性による、女性のための、女性に関する」書籍を提供し、近年では「女性に関する」テーマから更に「ジェンダーに関する」テーマへと扱う範囲を広げている。

一九八七年の戒厳令解除後の台湾では、社会運動が盛んになり、女性運動は特に盛り上がった。女性運動家たちによって始められた女書店の方針は明確であった。九〇年代の台湾北部の文化活動にはジェンダーに関するテーマが欠けており、女書店の出現はちょうど女性運動の文化的活動の起爆剤となった。フェミニズム関連書籍、雑誌、映像作品を取り扱うのみならず、女性をテーマとして、「女性の伝記」、「女性の音楽」、「女性と旅」、「女性と映像」などの講演も不定期ながら開催した。また女性作家と読者が交流できる小さな座談会や、フェミニズム講座なども開催した。大学内外のジェンダー問題を研究する者にとって、女書店は知識の宝庫であった。

書店は利益率が低い商売である。まして社会運動家が開業した独立書店が、財閥のバックアップもなく、大型書店チェーンとネット書店に挟まれながら存続するのは容易なことではない。一九九六年には、女書店の経営のもう一つの柱として出版部門を設立した。出版部が初めて出した書籍はケイト・ショパン（Kate Chopin）の『目覚め』（The Awakening）であった。台湾の名高い女性運動団体「婦女新知基金會」の英語名（The Awakening Foundation）と同名だ。この作品の原書は「出版当時は禁書と見なされていたが、女性運動によって人々に知られることとなり、女性が世界に対抗する勇気の象徴になった」。一九九六年三月八日の国際女性デーに、女書店がこの本を出版することには実に特別な意義があったのである。その他、国内十名の女性学の学者を招いて共同で執筆した『フェミニズムの理論と流派』、そして一九九九年に出版した『フェミニズムの古典』は、発売後すぐに各大学のジェンダー授業の指定教科書となった。これらの書籍はフェミニズムの学派を系統的に紹介し、台湾での女性運動史をも扱い、世界共通のフェミニズム理論と台湾における女性運動とを融合したのである。「女書店文化」は台湾唯一のフェミニズム専門の出版社であり、出版した書籍は百冊以上にのぼる。

　二十年以上の歴史を有する女書店は、何とか帳尻を合わせながら続けられてきた。二〇〇二年、一度は廃業することを株主会議で決定したが、廃業の発表後、数多くの友人たちが廃業を惜しみ、援助を呼びかけ、若者も次々と参画したことで、今日まで存続してきた。経営方針を調整しながらも、政府の補助金を申請し、平等を訴える各ジェンダー団体とも連携するなど、様々な方法で財源を確保し、財務上の苦境から脱しようとしている。

　ラディカル、レスビアン書店、マイナーな市場……人々の女書店に対する見方は様々である。こういった偏った解釈や印象について、女書店は特に応じることはない。また応じる必要もないと考えている。それは同性愛者や社会運動家たちこそが女書店にとって、常に一番強い味方であるからだ。
女書店はただの書店ではなく、台湾女性運動史の一部であり、フェミニズムという戦場の文化拠点でもある。足元がおぼつかない時もあるが、いつも堂々と一歩一歩前進している。幸い、女書店には常に女性運動家やジェンダー平等を掲げる団体の支持と援助があり、だからこそ激しい市場競争の中でもめげずに、開業当初の初心を貫き、今日まで努力を続けてきた。最後に、鄭至慧《ジォンヂーフィ》*101の著作、『好事記』の中の一文を引用しておきたいと思う。「女書店が変わる、あるいはなくなる日が来るかも知れないが、それはきっと女書店の精神が、有形無形の形で伝承されていく時であると信じている」

注：この文章は「女性運動の文化基地」（『聴見書店的聲音Vol.1』）から書き直したものです。

*101 女書店の創業者の一人で責任者。二〇〇九年没。

晶晶書庫《ジンジンシュークゥ》

一九九九年、台北市羅斯福路と汀洲路の間の路地に、台湾初のＬＧＢＴ書店が誕生した。その名は「晶晶書庫」。主にＬＧＢＴ関連の書籍、音楽映像作品、生活用品を取り扱っている。二〇〇〇年「晶晶カフェ」を開業したが、二〇〇三年に閉店。二〇〇一年「晶晶画廊」を開き、その後書店と合併した。
九〇年代のLGBT運動とその他、社会運動への尽力により、二十世紀末の台湾では、LGBTの個人の自由に対してある程度の「包容力」はあったが、法律と人権保障の面では、国家の対応は明らかに時代遅れであった。九〇年代末期になっても、警察によるLGBTの集会会場に対する悪質な取り締まりは数多くあった。LGBTの結婚、遺産相続、入院中の面会や同意書の署名権などについても、法律では保障されていない。

LGBT問題は依然として社会から受け入れられておらず、LGBTに対するヘイトスピーチもよく耳にする。公共空間でLGBTを排除する意識は未だに根強い。特に八〇年代にAIDSの症例が初めて発見されると、感染者にゲイが多かったため、台湾社会にもホモフォビア（同性愛嫌悪）の風潮が現れた。このような社会状況の中、カミングアウトした同性愛者として、また九〇年代に「LGBT空間行動聯盟」などLGBT活動にも参加していた頼正哲《ライヂォンヂェー》は、「LGBTフレンドリー空間」を創るため、海外のLGBT書店を参考に、LGBTをメインテーマとし、ジェンダーやフェミニズムのジャンルも取り入れた複合書店を開くことを決めた。共同経営者を見つけ、そして晶晶書庫が誕生した。

晶晶書庫が開業してまもなく、マスコミの注目を浴びたが、カフェや画廊の設立に伴い、保守派からの非難も受けた。近隣住民や出所すら分からない反発の声は絶えなかった。しかし晶晶書庫は怯むことなく、「LGBTレインボーコミュニティー」の理念を持ち、あえて地域の人々と話し合ってきた。これも実は一種の教育であり、独立書店の重要な存在意義の一つでもある。

晶晶書庫を通して、責任者の頼正哲は積極的にLGBTのために声を上げ続けた。LGBT関連の雑誌や書籍に寄稿し、講座や演説に参加した。またLGBTを差別する様々なイベントにも頼正哲は姿を現した。その他、晶晶書庫は二〇〇三年から始まったLGBTパレードの発起人の一人であり、以降毎年パレードに参加し、援助も行ってきた。しかしながら人権を主張するデモなどの活動は、政府からの弾圧を受けることが多かった。二〇〇三年、晶晶書庫が香港から仕入れた雑誌『蘭桂芳』が基隆の税関に取り押さえられ、警察と検察はこれを機に晶晶書庫を捜索、「わいせつ書物」を検挙し、刑法二百三十五条の「わいせつ罪」で晶晶書庫を起訴した（結果、有罪判決が下され、責任者は五十日の懲役を科された）。この件で、晶晶書庫は二〇〇六年に他の民間団体と連携し、「刑法235廃止聯盟」を設立し、最高裁判所へ憲法解釈を申請した。この申請では刑法二百三十五条を廃止させるには至らなかったが、「わいせつ」に対して明確な定義を与えることができ、警察も検察も自身の価値観で勝手に解釈することは不可能となった。

十数年の発展を経て、晶晶書庫は台湾LGBT文化の重要なランドマークとなった。二〇一一年、頼正哲は責任者を辞任し、代わりに晶晶書庫はブランドマネージャー兼スポークスマンを立て、事業者として理念を社会に伝えていくことになった。いずれにせよ、台湾LGBT人権運動における晶晶書庫の貢献は大きく、またその存在もLGBT人権運動の重要なシンボルの一つである。

注：二〇〇八年高雄で誕生した十號書坊は、南台湾のＬＧＢＴ書店である。晶晶書庫のようにＬＧＢＴ関連書籍や音楽映像作品、生活用品を販売する他、二階には「陽光酷兒中心」（陽光クィアセンター）というチャリティーイベント会場があり、カウンセリング、懇親会、プロモーションインベントなどに活用されている。南台湾ＬＧＢＴの重要な活動拠点である。

洪雅書房《ホンヤーシューファン》

一九九九年、二十歳そこそこの若者が、嘉義の市場に十坪未満の小さな書店を開いた。書店を始めた理由は、子供の頃に本を買うお金がなかったことや、台湾の図書室に影響を受けたこと、そして九二一大地震[*102]によって芽生えた命の衝動からくるものであった。しかし当初、この若者は社会運動や選挙活動に積極的で、経営に専念することはなかった。開業して三年後には「台南店」をオープンさせたが三年ほどで閉店した。そこでようやく彼は本格的に書店の経営に乗り出し、没頭することとなった。二〇〇五年には書店を阿里山森林鉄道の近くの長榮街に移し、嘉義地区における重要な独立書店となった。

＊102　一九九九年九月二十一日、台湾中部で起こったマグニチュード七・七の大地震。

洪雅書房は「濁水渓以南で一番活躍している社会運動書店」と言われている。この若者の名は余國信《ユーグォシン》。店を始めたのは二十一歳の時であった。

商売という点から言えば、社会運動の立場を宣言するのは良いこととは言えない。しかし余國信は気にしない。例えば映画監督を招いての映画上映と座談会、文学、歴史といったテーマの講演、農業や生態保護に関する討論会、演劇や歌のパフォーマンスなどのイベントを毎週水曜日に開催する。様々な催しから色んな社会運動の論題を広める。他の団体と共同で玉山旅社や嘉義税務出張所などの古い家屋の保存運動や、湖山ダム建設反対者を集めて抗議活動も起こした。近年の「海峡両岸サービス貿易協定反対運動」*103や「原発ゼロ」などの活動にも、洪雅書房からの呼びかけがあった。余國信によると、洪雅書房は一年に平均して少なくとも一回は大型バスを貸し切り、環境や文化に関するデモに参加している。これは書店の空間を通して社会運動を実践する経営形態であり、政府に反対する活動拠点としての書店でもある。

開業当初の洪雅書房は、原住民と環境保全の二つの専門コーナーのみであったが、その後、台湾文学、文化思想、書店巡り、平埔族*104、日本統治時代の歴史などの専門コーナーを増設した。漫画や絵本コーナーもあり、フローリングの床とソファがある空間でお客さんは気楽に本が読める。会議や打ち合わせので

*103　二〇一三年に調印された中華人民共和国と台湾（中華民国）との間の協定。両者の貿易を自由化するといった内容で、この協定の批准を巡って「ひまわり学生運動」が起こった。

*104　台湾原住民の総称の一つ。「平地に住む民族」の意。

きるテーブルも備えている。元々は倉庫だった地下室には本を陳列し、会議もできる開放的な空間に整備された。毅然とした態度、理想へのこだわり、社会運動に対する意識を持って、余國信は選書などの様々な作業に携わっている。本を仕入れる基準は様々である。時には本の内容、作者、立場、時には講演者や読者の推薦。いずれにせよ、書店は知識人の社会的な実践の場であってほしいと余国信は考えている。どんな本も実践を促す可能性を秘めているため、テーマを決め、それに沿った書籍の選書をし、陳列することは洪雅書房にとって重要な仕事である。

近年、洪雅書房は有機農法と自然農法を広めることに力を入れている。講座や体験活動の開催以外に、「本屋から畑へ」と読者に呼びかけ、「秀明自然農法[*105]」に倣い、米の栽培を十年以上行っている。米作りに対して余国信は、稲は自家採種、育苗、人力での田植え、畑の環境管理、人力での天日干し、精米、包装、販売などの一連の作業だけではなく、農業、農民、農村と社会との関係を積極的に探究する方法でもあると考えている。「畑仕事」だけではなく、「文化」への実践過程でもあるのだ。

嘉義という土地で十七年、八百回以上の講座やイベントを開催し、その鮮明な社会運動者としてのイメージも相まって、洪雅書房は数多くの若者にとって

＊105　世界救世教の創始者岡田茂吉が提唱した自然農法の一つ。

「聖地」のような場所である。独立書店の発展と歴史から見ても、洪雅書房は新世代の独立書店の重要な模範である。「一番活躍している社会運動書店」、洪雅書房はまさにその名の通りである。

注：この文章は「細説洪雅書房」（『聽見書店的聲音Vol.1』）から書き直したものです。

三，在地生根的故事

台湾に根を下ろす書店たち（一九九〇年代）

八〇年代末になると、党外勢力が野党を結成し、戒厳令が解除される。また九〇年代に入ると国会の改革や刑法一〇〇条[*106]の廃止といった政治的な変化が起き、台湾という土地に対するアイデンティティーが徐々に目覚め始めてきた。このような台湾に対するアイデンティティーは、独立建国から台湾の文化とローカル文化の再興やまちづくりなど様々な活動があるが、それはおおよそ「共同体」という考えに基づいている。

このようなアイデンティティーは政治や社会運動からだけではなく、

＊106　内乱罪に関する条項で、特に一九五〇年代以降、台湾独立や共産党寄りの言論と思想を持つことを禁じ、白色テロの素地となった。

台湾の主体性や地域の文化史に関する出版物からも大きな影響を受けている。七〇年代の南天書局、八〇年代の前衛《チエンウェイ》、台原《タイユエン》、晨星《チエンシン》、稲郷《ダオシャン》など、台湾の文化と歴史を中心とした出版社が次々と創業し、九〇年代には玉山社《イーシャンァ》や常民文化《チャンミンウェンホァ》などの出版社も現れた。戒厳令解除以前に封印されていた台湾の政治や歴史、文化を紹介することで「本土意識[*107]」を高めることに貢献しているといえるだろう。その他の出版社も台湾に関するテーマを扱うようになり、台湾文化の出版が明らかに主流となっていった。

　そんな時代の流れのなかで、二軒の書店が開業する。台湾人の台湾に対するアイデンティティーを高めることを唯一の理念とし、「台湾」をテーマとした書店である。九〇年代に開業したそれらの書店には、海外で留学を終え、帰国後に開業しているという興味深い共通点があった。また九〇年代後半には、台湾の「地方文化」を経営理念とする書店も現れる。書店が地域文化のひとつとなることのみを理念とする書店もあるほどである。しかし台湾出版業界は大きな転換期を迎えることとなる。一九九九年の九二一大地震、そして二〇〇〇年以降になると書店経営はかつてない新しい挑戦に挑むことになった。

*107　台湾を「中国」の一部とみなさず、台湾独自の文化、社会、経済、国民性と主体性を重視し、自らを「台湾人」として意識する考え方。

台灣《タイワン》e店《ディエン》、台灣本土文化書局《タイワンベントゥウエンホワシュージー》

歴史をひもとくと、一九八六年に成立した民主進歩党は、一九九一年の国民大会代表と一九九二年の立法委員の選挙を経て、すでに社会運動の方針から脱却しはじめていたと言える。つまり、「社会運動専門の政党」から「選挙専門の政党」に方針転換しようとしていたのだ（想想論壇『民進党「中央を囲む地方」戦略の歴史の回顧一九八九―二〇〇〇』）。しかし社会運動家たちにとって、このような方針転換は民進党に裏切られたという思いがあり、強い「台湾意識」を持っている人たちにとっても、民進党が既存体制に妥協したという感覚があった。数年後に結党した「台湾建国党」の成立は、強い台湾意識を持つ人たちと民進党との路線が完全に異なることを示していた。長く続いた独裁政権下による台湾という土地に対するアイデンティティーの低下を目の当たりにして、文化を育むことを重視する知識人にとって、自分が生きている土地の文化を人々に如何に正しく理解させ、「台湾の主体性」というアイデンティティーを如何に認識させることができるかということは、九〇年代初期のいわゆる「台派人士」が共有する文化的な懸念であった。

　一九九三年、台湾大学のほど近くに、台湾本土文化の書籍を専門とする書店が開業した。その名を「台湾ｅ店」[*108]という。創業者は呉成三《ウチエンサン》と黄妙齢《ホアンミャオレン》の夫婦。台南生まれの呉成三は、アメリカコロンビア大学の情報工学部の博士号を取得し、一九八〇年に帰国後、成功大学、師範大学で教鞭をとったことがあり、工業研究院にも勤務したことがあったが、最終的には新生南路の路地に開いた書店を生業とすることを選んだ。

台湾教授協会の一員でもある彼は、当初、台湾の政治改革運動に没頭していた。デモ活動に参加した時、タブーとされているテーマの本を売る露店を見て、書店を開こうという考えが芽生えた。また、休日になると、原住民の集落をよく訪れては、原住民の豊かな文化に感銘を受けていった。このように、呉成三は台湾のための書店を開くことを決心した。その後、教職も辞め、書店の経営に専念していった。

同年、台中の三民路にも「台湾本土文化書局」という書店の幕が開けた。創業者は「ロケット博士」と呼ばれている紀敏雄《ジーミンシォン》である。アメリカのロケット研究センターで長年勤務し、台湾を離れて二十八年も経った当時五十三歳の彼は、思い切ってアメリカでの安定した仕事を辞め、台湾に帰国し、書店を開業した。紀敏雄は三民路にある実家をリフォームし、台湾本土意識の強い書店が誕生した。

一九九九年、紀敏雄が病死した後、台湾本土文化書局は半休業状態が続いた。二〇〇九年に再開したが、時代は変わり、以前のような台湾本土ブームはすっかり過ぎ去った後であった。無論、台湾を台湾だと意識することがタブーではなく普通となったことや、インターネット書店の出現により、書店としての活

*108 「台湾e店」の「e」は台湾語で「の」という意味

気を以前のように取り戻せなかったこともあった。しかし、台湾本土文化書局にとって、店を続けることは台湾文化を広めていくということだけではない。紀敏雄の台湾に対する情熱の灯火を絶やさない最良の方法でもあるのだ。

一方で、台北にある台湾e店は呉成三と黄妙齢夫婦の努力の甲斐もあり、現在でも温羅汀《ウェンルオディン》界隈[*109]の重要な書店の一つであり、人々が台湾文化を知るための羅針盤的な存在でもある。しかし、台湾e店は現状にとどまらない。文化は創作の源であり、自分たちの文化が根底にあればこそ、本当の創作ができると呉成三は考える。そんな思いから台湾e店は、近年様々な台湾文化関連商品の開発に力を入れている。台湾のローカル文化の絶え間ない創造によって、台湾文化が社会の主流となることを期待しているのだ。正に本当の「台湾意識」がそこから生まれるのであろう。

春成書店《チュンチァンシューディエン》

墾丁《ケンディン》[*110]の砂浜、春天吶喊《チュンテェンナァハン》[*111]、鵝鑾鼻《エールアンビー》灯台[*112]、映画『海角七号《ハイジャオチーハオ》[*113]』以外に私たちは、恒《ハン》春《チュン》[*114]について何か知っていることがあるだろうか。

＊109 温州街、羅斯福路、汀州路界隈のことで、台湾大学に隣接し、中華圏一の書店密集地と言われているエリア。

台湾e店の外観と店内

文化大学工業地理学修士号を取得し、ＩＴ業界で働いていた呉威徳《ウーウェイデェ》は一九九九年に故郷の恒春に帰ってきた。彼の実家は恒春地方で百年以上も続く、食材や日用品を販売する雑貨店「春成商行《チュンチァンシャンシン》」であった。呉威徳は小学校卒業後すぐに恒春を離れていたが、父親が亡くなったその年、母親の面倒を見るために恒春に帰ることにした。呉威徳が四十歳の時であった。

けれど恒春に帰って一体何ができるのだろうかと、彼はその土地のことを考え始めた。「恒春に何が必要だろう。どのような店を開けば恒春の人々の役に立つのだろう」。県外に移住し、恒春に帰ってこない友人に「恒春は退屈だ。一軒の本屋すらないし！」と言われ、すぐに呉威徳は書店を開くことを思いつく。実家の春成商行にちなみ、「春成書店」と名付けた。店は恒春の交通量が最も多い中正路に位置し、警察署の斜め前であった。

恒春は退屈なのか？ 観光客の墾丁観光への通り道に過ぎないのだろうか？ かつて「瑯嶠《ランチァオ》」と呼ばれた古いこの町に、人々の足を止める魅力は本当に一つもないのだろうか？ 実家の商店は百年以上の歴史もあり、恒春には有名な月琴もあり、じっくりと探勝できる穴場となるはずである。

春成書店は恒春関連の文化、歴史出版物を集めて陳列し始めた。書店を通し、地域の住民にも、また観光客にも恒春のことをもっと知ってほしい。呉威徳は

＊110 台湾最南端にあるリゾート地。

＊111 一九九五年から続く、毎年四月に墾丁で開催される野外音楽祭。

＊112 台湾本島最南端の岬にある灯台で、歴史的建造物でもある。

＊113 二〇〇八年に公開され大ヒットとなった台湾映画。恒春が舞台。日本統治時代の未配達の郵便が発見され、現代の台湾で小さな物語が動き始める。

＊114 台湾南部の恒春半島にある街で、清朝時代に築かれた城壁の大部分が残されている。

様々な地域の文学・歴史プロジェクトにも参加している。『恒春鎮誌』の編集作業、恒春拓真学会の運営、恒春老街発展促進会に参加するなど、彼が目標としていることは、地域の文学や歴史、人物を研究し、記録として残すことなのだ。同時にそれは恒春を魅力ある古都として作り上げることでもある。人々に恒春の歌謡曲の美しさを紹介するために、呉威徳が春成書店の前で開催した「古城街頭音楽教室」は、毎週土曜日に歌手を招き、ライブと楽曲の解説もし、足を止めて聴いてくれる一人一人のお客さんに恒春の音を届けたいという思いが込められている。

これらのことは一個人のただの経験であり、台湾社会の発展とはあまり関連がないように見えるかも知れないが、時代の変化はいつもこのようにして、人の心や人生を静かにけん引していく。文化財保護への呼びかけにおいて、春成書店は同時期に開店した嘉義の洪雅書房ほど力を入れていないようだが、呉威徳が春成書店を通して挑戦してきたことは、地元への強いアイデンティティーの表れであった。二〇一〇年代、春成書店と洪雅書房が時代を牽引する先駆者となったことで、このような「ローカル文化」をテーマとする書店が増えていったと言えるだろう。

しかし、都会のような活発な消費活動もなければ、人口も少なく、屏東市から車で二時間ほどかかる恒春にある書店経営は容易なことではない。春成書店に陳列される書籍も徐々に減ってくる。それは何も呉威徳が書籍を売りたくないからではなく、利益の見込みが立たないということで、取次が商品の提供をやめたからである。また書店で書籍を購入する人自体も確実に減少していた。大企業傘下のセブンイレブンがいたる所に出店し、ネットで注文した商品を近所のコンビニで受け取ることができ、さらに書店で購入するより便利で安価なためであった。そのような状況で春成書店は文房具の販売に依存せざるを得なかった。その後、呉威徳は書店の隣にカフェを開き、飲食の収入で書店の赤字を補填することにした。しかし僻地では従業員の募集も難しくなり、結局、二〇一五年末、呉威徳は春成書店の閉店を余儀なくされ、台湾最南端の書店が幕を閉じたのであった。

天母書廬《ティエンムーシュールー》

台北市天母[*115]小学校の傍に、「天母書廬」という書店がある。都会の喧騒を避け、静かな路地裏に佇み、飾り気のない素朴な外観は、まるで住宅地に溶け込む一般の民家の様である。掲げられている看板とガラス張りから覗ける店内の陳列がなければ、ここが書店だということに気づかないだろう。

店が現在の形になったのは、実は二〇〇六年に天母西路の今の場所に移転してからだ。楊裕隆《ヤンユーロン》が一九九九年に創業した天母書廬は天母北路に位置し、七十坪の店内は、蔣勳《ジャンシュン》[*116]から紹介を受けた当時学生であった建築家陳冠華《チェンチュエンホア》がデザイン

*115 台北市北部の高級住宅地

*116 (一九四七年〜)西安生まれ、台北育ちの作家。

した。広々とした空間、落ち着いた雰囲気、天母書廬は当時天母地区の「小誠品」といっても過言ではなかった。しかし、店舗の雨漏りという書店にとって致命的な問題を抱え、経営状況も芳しくないことから、やむを得ず店を閉めることにした。その後、新しい物件が見つかり、書店の再開にこぎつけた。

九〇年代の鮮明なテーマや主張がある他の独立書店と違い、天母書廬は天母の小学校の隣にただ静かに佇んでいる。店内に様々なジャンルの本が陳列されており、人文系が多いが、経済や健康に関する本など、売れ筋のジャンルもある。基本的に庶民の好みから離れることはないが、完全に社会の流行に迎合することもない。また書籍雑誌以外に文房具やアクセサリーも販売している。絵本や児童書も数多くあり、子供に適している本を選んで扱っているため、天母書廬は小学生でも気軽に入ることができ、本を楽しめる空間をとなっている。店の一角にはカフェもあり、長く居ても退屈することなくゆっくり過ごすことのできる場所である。

スケールの大きい昔の店舗も、現在の暖かい雰囲気の店舗も、楊裕隆にとって目標はただ一つ、地域密着型の書店を作ることである。この店を通して地域住民のニーズに応えたい。その思いから、天母書廬は取り寄せと取り置きのサービスを提供し、保護者が送迎時間に間に合わなかった子供たちが、放課後に書店で待つこともできる。時には店内で子供たちと一緒に宿題をする家庭教師もいた。このような書店は、地域の外ではあまり知られていないが、地域の人々にとっては大切な小型地域文化センターのような存在である。

台湾最南端の春成書店と同様に、天母書廬のような地域との関わり方が時代背景と関連しているかどうかについて断言はできない。一九八六年、楊裕隆はすでに復興北路と民生東路界隈の路地に、「書廬」というわずか十二坪の小さな書店を開業していた。当時の彼は、昼間はサラリーマンで、夜に店を開いていた。この書店は三年ほどで閉めたが、「本屋を開く」という楊裕隆の学生時代からの夢は、書廬の閉店によって消え去ることはなかった。このことも後に天母書廬が誕生した主な理由でもあった。しかし、時代の過渡期だったあの頃の地域運動を振り返ってみれば、天母書廬が表している時代的意義も明らかなのではないだろうか。

二〇一三年、楊裕隆が病気を患い、天母書廬を閉めることも検討したが、現在、楊裕隆は回復し、妻の陳昭璇《チンジャオシュエン》がサポートすることになり、天母書廬はひとまず安定した。しかし、インターネットの発達や人々の読書習慣の変化などに迫られる中、地域向けの書店が存続できるかどうかは、地域住民の書店に対する愛着にかかっている。

訳注：天母書廬は二〇一七年に閉店した。

Column 5

「じっとしていられない奴ら」
——私の宜蘭《イイラン》書店考察ノート

文：Stay旅人書店《リューレンシューディエン》　林世傑《リンシージェ》

山や水のきれいな宜蘭は観光や農業界では評価されているが、文化発展の角度から見れば、長い間、地元の若者の県外への流出、産業発展の停滞、低い人口密度などの問題があり、地域の文化と商業は繋がりにくかった。書店や画廊など文化的な空間の経営ももちろん厳しくなる。全体的に、宜蘭で都会のような商業的手法で文化の発展を推進するのは極めて難しいことだ。近年、台湾では独立書店ブームが起こり、若者が理想の生活を求めて田舎へ移住した。このようなブームの影響で、二〇一二年、宜蘭で初めて新しい形の書店「舊書櫃二《ジュシュークイアール》手書店《ショウシューディエン》」がオープンした。その後、二〇一三年に「小間書菜《シャオジエンシューサイ》」、「回家生活《ホイジアションフォ》」、「旅二手概念書店《リュアールショウガイネエンシューディエン》」(閉店)、二〇一四年に「好森咖啡《ハオセンリンカアフェイ》×註書店《ジュウシューディエン》」、「Stay旅人書店」、二〇一五年に松園小屋《ソンユエンシャオウウ》「厚土書牆《ホウトウシューチャン》」、員山郷と蘇澳鎮《スウアオチェン》の「東南亞書店聯《ドンナンヤアシューディエンレエン》盟《メン》」、「黒潮書店《ヘイチャオシューディエン》」、「書澳創聚《シューアオサアンジュ》」など、様々な書店が現れ、宜蘭に書店の新しいトレンドが広まった。これらの微かな光は、宜蘭で様々な書店の風景を織り成

舊書櫃二手書店の外観と店内

し、さらなる豊かな文化を創りだせるかも知れない。これから筆者の書店経営の経験や宜蘭の書店の発展に対する考察などをまとめて紹介し、台湾書店と宜蘭文化の発展に興味がある読者の参考になればと考えている。

●宜蘭の書店その一　バーと本棚の美味しいコラボ

宜蘭の書店の新しいトレンドを語るには、宜蘭駅の隣りにある舊書櫃二手書店から始めるのがいいだろう。台湾の南部へ職探しに行った荘《チョワン》さんは、結局宜蘭に戻り、自分の理想の書店を開いた。店の空間は自分で手掛け、五千冊以上の古本を並べた。コーヒーとケーキも提供し、観光客が好きな宜蘭の文化的な商品なども取り扱った。蔵書の規模や運営方法、そして想定する顧客層など、今までの宜蘭の古本屋とは全く違っていた。今では地元の若者にとっての文化拠点、県外旅行者にとっての観光案内所となった。書店のスタイルは経営者の個性によって変わる。舊書櫃が宜蘭で根を下ろせたのも、手づくり市、上演会、文化講座などを駅前繁華街で開催できたのも、荘さん自身の本に対する情熱や地元クリエイターへのサポートが大きな要因ではないだろうか。舊書櫃のような書店は店主が主体で、本棚とバーカウンターはその店主の個性を引き立てるような存在である。舊書櫃、そして宜蘭大学のキャンパス内の教室を改装した

旅二手概念書店の外観と店内

人文系古本屋「旅二手概念書店」や、羅東鎮《ルオドンチェン》にある歴史の長い独立書店と共同経営している「好森咖啡×註書店」など、これらの書店は違う業種を取り入れ、地方に文化の種をまく芸術的文化拠点のような存在である。これから宜蘭各地に、このようなバーと本棚がコラボした書店がどんどん増えていくだろう。そして文化的活動により、住民たちの生活をさらに豊かなものにするだろう。

●宜蘭の書店その二　土に根を下ろすという書店の思い

農業は宜蘭の経済を支えており、農村の文化も宜蘭の人々の考え方と生活リズムに影響している。宜蘭の書店の最も特徴的なことは、多くの経営者は皆、農家と親交があり、一挙手一投足に土の匂いがするところだろう。そんな中でも最も「土」の匂いがするのは、員山郷深溝村《ユエンシャンシェンゴウツン》の「小間書菜」と、宜蘭市郊外の松園小屋にある「厚土書牆」の二軒で、農業的文化書店と言えるだろう。

「倆佰甲《リアバイジャァ》」という地元の農家たちの支援でオープンした小間書菜は、宜蘭は元々本の買い取りが難しく、人口の少ない農村ではさらに困難だと開業前から気づき、店主は物々交換の買い取り方法を思いついた。本を員山郷深溝村に持ってきてもらい、地元のオーガニック農家が作った野菜や果物を本と交換する。農村にとって書店は文化を持ち込む窓口になると同時に、地元農産物の販売拠点ともなった。物々交換の方法が人気を呼び、小間書菜は更にブランドを立ち上げ、地元農産物やそれらを使った料理や食品を販売した。地元農業の販路を拡大し、急成長を遂げていった。

松園小屋の経営陣は長い間農村の仕事をしており、二〇一五年に建物の中の壁一面の本棚を「厚土書牆」と名付け、書店の要素を取り入れ、小屋は飲食、宿泊、書籍、展覧会、講座など様々な形で多元的な社会問題に取り組む拠点となった。宜蘭は昔から文化芸術的資源やイベント空間に乏しく、理念や社会問題について外部と交流することも容易ではなかったが、現在は積極的に松園小屋でイベントを開催し、宜蘭でも定期的に講座を開くことで、社会問題を議論する民間の文化的な空間ができた。また、宜蘭県外の文化人や社会運動の組織も、宜蘭で自分の作品や理念を広めることができた。その中には宜蘭に関心を持つ講師もおり、宜蘭に移住する者も現れた。こうした繋がりは宜蘭の文化的な発展にさらなる大きな影響を与えることになるだろう。

●宜蘭の書店その三　Uターン、書店から再出発

農業が宜蘭の経済発展の基礎であれば、「Uターン」は宜蘭人共通の人生的な課題だろう。宜蘭に新しい書店ブームが起きてから、宜蘭人がUターン後に「書店」を開くことも選択肢の一つとなった。自分は歳を取ったから故郷に帰ったと、いつも冗談っぽく語った上旗《シャンチィ》出版社の責任者陳照旗《チェンシャオチィ》は壮年期に出版社を宜蘭に移すと決めていた。同時に、自分の理想の本と飲食を提供できる空間「回家生活」を経営している。彼らの得意な出版、展覧会企画、商品開発などのスキルを

活かし、宜蘭の文化と台湾の農業発展を支えている。地元の農家と深溝小学校と共同で出版した『食農小學堂：從田裡到餐桌的食物小旅行（田んぼから食卓までの食べ物の小さな旅）』は本を通して食農教育の理念を消費者に広めた成功例だった。

筆者自身もまた地元に戻り、書店を開いた一人である。宜蘭の旧市街でStay旅人書店を経営している。歴史的文化遺産も多く、まちづくりも盛んな旧市街地では、書店として背伸びして何か新しいことを始める必要もなく、またStay旅人書店は都市の書店として仲間を集め、書店として「当たり前」のことに力を入れ、地元の文化の活性化を図っている。例えば廟の境内で手作り市を開いたり、宜蘭散策地図を出版したり、手作り講座を開催したり、地元のフィールドワークや本の出版に参加したりなど。「書澳創聚」も同じく、地元の文化に関心を持つ有志たちがUターンし、二〇一五年末に開業した書店である。書澳創聚は違う特技を持つ六人の地元住民が共同経営している文化的活動の空間である。これから蘇澳《スゥオウ》の「海鮮文化」をさらに理想的な「海洋文化」に発展させることができるのか、期待は膨らむばかりだ。

●終わりに

宜蘭の書店業界が盛んになったのはこの三年のことなので、「書店の歴史」という観点から宜蘭の書店の特徴を分析するのはまだ早い。しかし、本文で言及したこれらの個性的な書店とその共通点から見れば、宜蘭県には書店の経営を維持できるほどの需要はない。しかしじっとしていられない奴らは、県外の需要を敏感に感じ取り、宜蘭のいいところを積極的に宣伝し、地元の産業発展に意欲的に力を入れている。書店は県外の観光客が宜蘭を深く知ることのできる旅の文化的な窓口となった。長い間、観光産業と生活レベルのジレンマに陥っていた宜蘭の人たちにとって、これらの書店はもはや本を売ったり、イベントを開催するだけの場所ではなく、文化的教養の創造や社会問題の解決など、社会的機能を発揮していける場所なのだ。このような土地柄に応じて生まれた書店の経営方針をこのまま続けていくことで、「宜蘭の書店は、ただの書店ではない」という成功事例となるのか、あるいは「宜蘭の書店は、全く書店らしくない」というマイナスイメージとなるのか。その判断は人それぞれだろうが、なによりもそれは経営者と消費者が共に考え、決めていく問題だろうと思う。

第五篇

書店における転換期

一，網路時代的降臨

インターネット時代の到来（二〇〇〇年代）

二十世紀の九〇年代台湾に「ネット書店」が現れた。そして市販価格より低価なインターネット販売に商機があるのか、その可能性を探っていた。しかし当時のインターネットは十分に普及しておらず、また送料も高価だったため、実店舗の書店にさほど大きな衝撃を与える事はなかった。それよりこの時期、量販店が書籍小売市場に参入したことにより、人々の本を買う習慣がじわりと変わっていった。また一九九六年に城邦《チァンバン》文化出版グループ[*117]が創業し、台湾における書籍の販売方法の変革が始ま

*117　商周、麥田、貓頭鷹の三つの出版社が連合して設立された出版グループ。企業買収などの規模拡大を通じて、現在は香港のメディア企業、TOMグループに所属している。出版社が中小企業的な経営から脱却し、メディアグループ企業へと発展するさきがけとなった。

った。また読書を一種のファッションとして扱う誠品書店の出現はブームを引き起こした。一九九七、九八年頃、書店チェーンが本格的に各地に新しい店舗や旗艦店を展開し、台湾における実店舗の書店業界もそれまでにない最盛期を迎えた。

二十一世紀になり、インターネットの利用も成熟期に入った。博客来《ボークーライ》*118が統一企業の傘下に入り、統一企業の強い物流システムや、各地に販売網をもつコンビニエンスストアを活用し、値引き販売も行ったことで、瞬く間に書籍市場において高いシェアを占めることになった。ネット書店との競争の中で、リアル書店にはなすすべがなかった。二〇〇〇年代に始まった書店の倒産ラッシュは、パソコンや携帯電話などＩＴ機器の普及にも要因があったのだろうが、最も大きな要因はネット書店の台頭ではないだろうか。

インターネットの襲来に直面し、電子書籍の開発について様々な噂も飛び交う中、実店舗では本以外の様々な商品を総合的に販売する「百貨店化」*119を展開した誠品書店や、ネット書店より低価格を打ち出した政大《ジョンダー》書城《シュウチョン》の他に、二十一世紀に入ったばかりの台湾では新しい書店はほぼ現

*118 アマゾンの存在しない台湾で最大のネット販売サイト

*119 東京に進出した「誠品生活日本橋」ほか、飲食、雑貨など数あるブランド店が同居する経営スタイル。日本での同スタイル書店の代表格「代官山蔦屋書店」は、誠品書店をモデルにしたと言われる。

れなかった。新しい書店を開業するということは、まるで時代の流れに逆行するかのようで、言わば九〇年代に農業を目指すと宣言するほどの時代遅れのようなことでもあった。

　ネット書店の便利さと低価格さは、古本業界にもかなりの衝撃を与えた。考えてみれば、価格差が比較的少ない中で、所狭しと乱雑に積まれた古本の山から見つかるかわからない本を探す人など、果たしてどれくらいいるのだろうか？二〇〇〇年代に入ると、古本屋がいち早く転換期を迎えることとなった。「古本の誠品書店」と呼ばれている茉莉書店《モーリーシューディエン》*120は、確かに一般読者の古本屋に対する印象を大きく変え、読書人の間で特色のあるいくつかの古本屋が話題となっていった。

*120　照明やインテリアに凝った内装とともに、古本をバーコードで管理するなど、従来の古本屋の概念を一変させた。

茉莉書店台大店の外観と店内

舊香居《ジュシャンジー》

古本屋を訪れる人は、どういった本を求めているのだろうか。絶版本。あるいはインターネットで色々と値段を調べてみたが、なかなか手の出せない高価な本だろうか。古本屋なら半額、あるいはそれ以下の価格になるだろう。何度か転売された古本は、本の状態にもばらつきがあり、一定の水準を保つのは難しいので、価格もそれなりに安くなる。そんな中、内容が薄いため、一回で読み捨てられる本もある。貧困時代に生きる人々は、どんな出費もいちいち細かく計算しなければならない。本も贅沢品だと思われている。贅沢と言っても、ちょっとした高級料理くらいなのだが。

古本という商売の方法は人ぞれぞれだ。計算に長けていて、正確に値付けることができるのは商人である。一方、本の海から貴重なものを見つけ出せるのは職人である。先代の経営者の呉輝《ウーフィ》康《カン》は、古く珍しい書籍、絵画、手紙などを専門に販売。希少な本を見つけると、一冊一冊査定して値を付ける。すべては本の「家柄」次第だ。本のオーディションを行うようだが、人材ならぬ「本材」を見出すには、「師承」にかかっている。書籍にまつわるあらゆる知識を熟知する必要があり、紙から装丁まで、作者から版の種類まで。本業界に対する深い造詣がなければ、値付けもできないだろう。

安さを求めるために舊香居を訪れるのは場違いである。知識を得るために、少しくらいの学費は必要なものだ。

何度も場所を移転し、幾度も店名を変えた。日聖書局《リィションシュージー》から舊香居へ、経営は先代から二代目の呉雅慧《ウーヤアフィ》と呉梓傑《ウーズージェ》姉弟へ引き継がれた。ここはいつも生まれ変わり、その姿は春の雨上がりの新芽のようだ。若い経営者は展示や出版などの方法を用いて秘蔵の書籍資料が若い世代の好奇心を引くように、伝統的な書店でありながら絶えず変化を求めてきた。古本が所狭しとうず高く積み上げられている昔ながらの古本屋の姿は、この店ではもう目にすることはない。その代わり、ガラス張りの空間の中で、真っすぐな通路の両側に、買い手を待っている本たちが整然と並んでいる。

目の前のこの清潔で明るい空間を見て、古本屋がただ時代の流れに乗り、きれいなリフォームを施し、こじゃれたノスタルジックなものを販売するに過ぎない、と言われたら、店主は絶対に納得がいかないだろう。この店は時間の温もりを伝えたいからだ。時代の移り変わりの中、昔懐かしい北京や上海の風流韻事や古い台北の情緒ある昔話が秘蔵されている。時代と共に物事が移り変わり、親や祖父母がよく口にする思い出話は、幼い頃寝る前に聞かされたおとぎ話にもなった。この明るい空間の中には淡い生活の香りが漂っている。一冊一冊黄ばんだ古本は文字の棲家でもあり、魂が宿っているのだ。

本にまつわるあらゆる出来事、例えばどこどこの誰々の家に所蔵されていたとか、とあるコレクターに半世紀も秘蔵されていたなど、本の「生い立ち」は店主の呉雅慧にとって、隣の黄さん家にまた娘が産まれたといったような世間話のネタのようなものだ。雑談にも粋な趣がある。一冊の本も売っていなくても、何時間も語っていられるのだ。

　舊香居は懐旧の店かと言われれば、それもまた違う。ここで売っているものは、黄ばんだロマンでも、蒼白な歴史への想像でも、テレビコマーシャルで映っている美しい幻でもないのである。現代の消費社会の中で、我々は知らないうちに「新しいものが一番良い」と刷り込まれ、「懐旧」でさえ新しいトレンドとして売り出される。時が過ぎれば、こういった古書や古物の価値も忘れられていく。舊香居で探し求めてほしいのは、生活の痕跡、この街の文化の奥底である。

　ある日、唐山書店の陳オーナーと舊香居を回った後、入口の外に本が入っている段ボールが幾つも置いてあることに気づいた。二人は子供のようにあれもこれもと本を選び始めた。上から下までしっかり品定めし、お嫁さんを選ぶみたいに慎重になりつつも嬉々としている。残念なことに二人ともほぼ同じ本に目を付けてしまい、仕方なく譲りあい、読み終わったら渡してくれるように約束した。あの午後、夕日が細長い影を照らし、舊香居前の二人は、まるで熱い氷の塊を見たかのようであった。

舊香居の外観と店内

草祭二手書店《サァオジーアールショウシューディエン》

文：永樂座《ヨンラーヅォ》　石芳瑜《シーファンユー》

●南台湾で最も美しい書店——草祭《サァオジー》、墨林《モーリン》、城南舊肆《チァンナンジュスウー》

台南にある孔子廟の近くを訪れると、向かい側にある粋な書店「草祭」が目に入ることだろう。ここ数年、草祭は台南を代表する場所の一つとなり、観光客が必ず訪れる「名店」となった。しかし店主の蔡漢忠《サァイハンチョン》さんにとって、それは却って頭を悩ませることとなった。多くの観光客が訪れると、純粋に本を買いに来た人にとって迷惑になると考えた蔡さんは「開巻カード」を発行した。割引のための一般会員カードとは違い、この「開巻カード」を持っている人のみが入店できるようにすることで（入口付近のみ観光客に開放している）、賑やかな観光客の人混みを遠ざけ、本を購入するお客さまにとって、静かな空間を楽しむことができるようにした。

台湾で最も美しいと言われるこの書店の入口は比較的狭いが、奥に入れば入るほど広くなり、一階と地下階の間のフロアの板を全部取っ払い吹き抜けにし、鉄筋部分のみを残すことで、素朴で精悍な雰囲気を演出した。しかし、この美しい書店が実は順風満帆ではなかったことは、あまり知られていない。草祭の開業した二〇〇四年当初は赤字の日々が続いたが、蔡さんはなんとか持ちこたえた。二〇〇五年には成功大学の向かい側の地下一階に「墨林二手書店」を開業し、二〇〇六年には採算が取れない「草祭二手書店」を一時休業した。学生が主な客層であった「墨

林」が黒字となった二〇〇八年、「草祭」を再開した。二年後には隣の一戸建てを借り、「小説珈琲聚場」をオープンし、軽食とドリンクを提供する書店となった。しかし最終的には本業に集中するため、飲食サービスを停止し、古本のフロアを拡大した。

　店主の蔡漢忠さんは常に失敗を恐れない、不撓不屈の精神の持ち主である。「草祭」と「墨林」に続き、二〇一四年の春、台南大学の近くに大きなガラス張りの「城南舊肆」を開業し、今に至る。店を次々と開く決断力の他に、蔡さんについて最も感心するのは、台湾の南北を問わず、どこへでも出張買取に赴くことである。彼は常に書店にいるか、出張買取の途上にあるかのどちらかである。イベントは最低限に抑え、「草祭」は純粋に本を販売する、夢のように美しい空間を備えた書店なのである。

　インテリアや写真、美術の才能がある蔡漢忠さんは、書店の内装は他人の手を借りず、フロアの床の板を外したことや、本棚の壁を高くしたことなど、すべて蔡さん自身のデザインによる。店内のアンティーク家具も自分で各地から選んできたものだ。このようなデザインのセンスや、コツコツと集めてきた大量の蔵書を駆使し、本屋の実店舗の経営が厳しくなってきた昨今でも、カフェや住宅の本棚や書斎をコーディネートする仕事も手掛け、書店業界が低迷する

草祭二手書店の外観と店内

時代において独自の道を切り開いている。

　蔡漢忠さんは気の強い人だが、南の人特有の情熱もある。人付き合いは少ないが、友達だと思う人には気前が良く、自分の利益は二の次で、精一杯もてなす。蔡漢忠さんはひたむきに努力し、本業に没頭することで孤独に見えるが、彼はあくまでも素直なままだ。「草祭」は台南での地位を確立した。地域を重んじ、台南から発信することにこだわる草祭は他では見ない独自の路線を開き、南台湾で最も重要な書店となった。

訳注：草祭二手書店は二〇一七年四月に閉店。その後「艸祭Book Inn」に改装した。草祭の蔵書はほとんどそのまま本棚に残り、本棚の間にベッドを設置し、書店をテーマとしたホテルとなった。

時光二手書店《シィーグァンアールショウシューディエン》

文：豊田《フォンティエン》の冊所《ツェースォ》　楊金燕《ヤンヂンイエン》

雨がしとしとと降るある冬の夜、路地に佇む時光二手書店を訪れた。暗くなった街の一角で、古い建物が暖かく灯火をともしている。ここは花蓮の本好きが一番幸せを感じる空間だ。

　木製の扉を開け、ずらりと壁に並ぶ本棚を見ると、いつも言い表せない安らぎと喜びがこみ上げてくる。野外採集家が森に入ったように、「どんな面白い本と巡り合うのだろう！」といった具合に、ゆっくりと呼吸し、ゆったりと採集する。森の中に巴奈《バナイ》*121の歌声が流れているのかも知れない。時にはアメリカの民謡が、時には日本の歌謡曲が。

平日の夜は客もまばらで、元野良ネコの看板ネコ二匹がバーカウンターでのんびり横になったり、窓の外をぼんやり眺めたりしている。本の世界に入ってしまえば、客や音楽、コーヒーの香りもすべてが遥か彼方へと遠ざかり、書店の片隅にあるテーブルとイスが優しく寄り添ってくれる。

二〇〇四年の初め、仕事を辞めた店主の呉秀寧《ウーシュウニン》は、五十年以上もの歴史あるこの家屋で、彼女の人生で最初の夢を実らせた。時光二手書店は花蓮の文化的景観の新しいスポットとなった。「本屋を開くのは私一人だけの夢ではなかった。実は多くの人の夢でもあったのだが、彼らはすぐに実現することができなかっただけだ。しかし、私たちは彼らからたくさんの応援をいただいた。彼らはこの店を訪れ、一杯のドリンクや一冊の本を購入することで、ずっと支えてくれている」と呉秀寧はこう語る。

最初の数年間、呉秀寧とスタッフは台湾の北から南へ、各地で本を買い取っては運んでいた。資源回収所へも足を運び、ショベルカーで処理される寸前の、この危険かつ汚い環境の中で、弁当箱や犬の糞が混ざっている紙類のゴミの中から、いい本を一冊一冊と探し出した。理想があり、勤勉でひたむきに頑張っ

*121 台湾の原住民の歌手。

てきたが、低迷する店の経営状態で、彼女も自暴自棄になりかけていた。そのまま三年半も耐え、そろそろ自信をなくしつつあった頃、台湾ではバックパッカー、サイクリング、スローライフなどのライフスタイルが流行り、小旅行ブームが訪れた。花蓮に様々な民宿が増え、観光客がひっきりなしに訪れるようになったことで、時光二手書店は生き返ることができた。現在では、地元の常連客がよく宝さがしにふらりと立ち寄る以外にも、噂を聞きつけた観光客が訪れる観光スポットとなった。

元々は二十坪の店舗であったが、奥に読書コーナーを設置し、左に「絶版本コーナー」と「台湾文学コーナー」を拡張していった。

数年前、呉秀寧が時光二手書店から程近くの民国路辺りの路地に、古い日本家屋を見つけた。この美しい庭と高い南陽杉のある家屋をリフォームし、この建物が建てられた年代を記念し、「時光一九三九」と名付けた。この空間で時おり、作家、監督など、才能ある人たちの講演が開催される。地元の農家から仕入れた美味しい野菜で作った料理があり、コーヒーとハーブティーの香りがあり、壁一面の絶版本は『夏目漱石全集』のハードカバー本、藍星詩社《ランシンシーシァ》*122の『向日葵』、黄春明《ホァンチュンミン》*123の『鑼』、顧城《グウチャン》*124の詩集などがある。地元作家の手作り工芸品もあり、人に邪魔されない静かなコーナーもたくさんあり、店主は読書と静寂を愛

*122 台湾詩人・作家の余光中が一九五三年に結成した台湾現代詩歌文学グループ。

*123 (一九三五〜)宜蘭県出身の台湾現代作家。

*124 (一九五六〜一九九三)中国の現代詩人。北京生まれ。

する人の気持ちに寄り添っている。

いつも古い家屋に魅了されるという呉秀寧は、近年、瞬く間に変貌する花蓮を目の当たりにし、「解体できるものは直ちに、徹底的に解体された。私たちはこの土地の古い家屋を一つでも多く保存したいのだ」と語る。

これは「時光二手書店」と「時光一九三九」の最も大きな価値かも知れない。古い家屋だけではなく、古本だけでもなく、採集であり、探検であり、私たちを歴史の流れに誘うことで、忘れられた時間を再発見したのだ。ここでは今でも人と人、人と本の間で、古き良き時代の価値観や思い出を輝かせながら、本好きの心を温めている。

時光二手書店の外観と店内

二，獨立書店的新生

独立書店の新生（二〇〇〇年代）

書籍の小売りのほとんどが三大販売ルート[*125]で占められている中、二〇〇六年に新北市にある永和《ヨンフー》と淡水《ダンシュイ》、そして花蓮《ホアレン》市に新しい書店が開業した。当時の社会環境からすれば、これらの書店の誕生は明らかに既存の市場法則に反することであったが、彼らは経営や選書の方法により、独自の特徴を出すことができ、当時の書店業界に新しい風を吹き込んだ。

これらの書店の出現により、「独立書店」という言葉も幅広く使われることとなった。それまでは単なる書店チェーンの対照としての意味し

*125 金石堂、誠品書店、博客來のこと。

か持たなかったが、この時代の「独立書店」には「特徴ある選書」、「文化の伝達者」、「社会的関心」などの意味合いが含まれている。しかし、こういった暗黙の定義は、いつの間にか流行語を作り出すのが得意なマスコミにもみ消された。今では「独立書店」に対する人々のイメージはバラバラなものになってしまった。

何はともあれ、二〇〇〇年に誕生したこれらの新しい書店は確かに台湾の書店業界に新しい息吹を吹き込み、書店の価値と意義について改めて考えるきっかけとなった。その後の二〇一〇年代、書店は荒廃からよみがえり、雨後の筍のように次々と独立書店が誕生した。このブームの中で最も影響力を持っていたのは、前世紀末に開いた洪雅書房の他、実店舗の書店業界が一番厳しい時期に道を切り開いたこれらの新しい書店たちであった。

小小書房《シャオシャオシューファン》

文：有河《ヨウフェ》book　隠匿《インニー》

●「大きい小さいの小小」

「大きい小さいの小小」という言い方はもちろん私が作ったわけではありません。多くの人はきっと私と同じことを感じていると思います。永和の路地にあるこの小さな本屋を訪れると、「小小書房」は全然小さくない。これは「大大《ダーダー》書房」と呼ぶべきではないでしょうか、と。

このような感想は、書店の大きさからだけではなく、オーナー劉虹風《リュウホンホォン》（私はいつも沙沙猫《シャアシャアマオ》と呼びます）が成し遂げてきた書き尽くせないほどの様々なことから来ています。文章教室と読書会だけでも何種類もあります。例えば、初級文章教室、誘導式作文教室、哲学読書会、社会学読書会、マンダラアートと自由記述教室、編集インタビュー教室、出版社による読者向け新刊プレゼン会、詩の降臨／霊会、世界読詩会、成人絵画教室、手作り創作教室、迷城秘境ミニツアー、永和中和の街散策漫読……などなど。小小協会の名義で出版した雑誌は、永和地域文化誌『小小生活』、『本本／a book』隔月刊……などがあります。小写出版の名義で出版した書籍は、霊雨『田園：午後五時四十九分』、蔡宛璇『陌生的持有』（見知らぬ持ち物）、魏安邑『到下一個周日』（次の日曜日に）、李雲顯『河與童』（河と童）、馬尼尼為『我不是生來當母親的』（私は母親になるために生まれた訳ではありません）……などがありますが、これ以上作品名をあげるのはやめておきましょう。原稿料のぼったくりと疑われてしまいそうなので。

個人的には、小小書房は大大書房と呼んでも過言ではないと思っています。二〇〇六年七月、小小書房は永和でスタートしました。九月、私も686[*126]も職場を離れ、書店を開くため、淡水、八里辺りの物件を探し始めました。書店や出版の経験がない私たちは、友人の紹介で小小書房を訪れ、開業について沙沙猫に相談したことがあります。当時面識もなかった私たちに、沙沙猫は隠すことなく、自分が知っている事を全部教えてくれました。出版社と取次商まで紹介してくれたのです！　この心強い協力のおかげで、私たちは自分で模索する手間が省けたのでありました。その年の十一月、有河bookが誕生。それから淡水河のほとりで夕日と猫を眺める日々が始まりました。そして先日、小小書房と有河bookはともに九歳の誕生日を迎えました。

時々、沙沙猫がフェイスブックで毎日読者に一冊の本を紹介するのを見て、ちょっと恥ずかしい思いもします。本に対する愛情について、私は彼女に及ばないと心の底からわかるからです。本屋と地域の連携や、読者が本から得た気づきなどについて、私はあまり情熱を持ち合わせておらず、独善的なスタンスをずっと維持しています。一方で、沙沙猫は地道に経営しており、自分の本に対する情熱と理想を実践しているのです。そのために様々な苦労があるようですが、それでも彼女は後悔することがありません。

*126　有河bookのもう一人の店主、隠匿の夫。

取次商とのいざこざ、出版環境への失望、様々なクレーマーたち、書店を取材する人たちの無神経な行動など、彼女からこういった話を時々聞きますが、私はいつも笑いが止まりません。このような辛い経験は私だけではなかったと思うからです。そして、他の同業者も同じような怒りで理性を失うこともあるのでしょう。このように、人の不幸を笑い話にしながらも、結局は自分が背負っている辛さが和らぎ、慰められるのでした。

性格が全く違う私と沙沙猫ですが、猫好きな所だけは同じです！お互いの店の看板猫の写真をフェイスブックに載せているのを見ると、必ずすぐにいいねを押します！もしお互いが飼っている猫に何かあったら、自分の子のように心配し、自分の経験や情報を交換し合い、相手のストレスにならないように励まし合って慰めあうのです。

これが私にとっての小小書房です。一緒に辛いことを乗り越えてきた同業者であり、何かあれば分かち合える姉妹店であり、そして、暖かい猫友でもあるのです。にゃ〜！

小小書房の外観と店内

有河《ヨウフエ》book　文：永樂座《ヨンラーヅォ》　石芳瑜《シーファンユー》

●河辺のあの本屋

二〇〇六年十一月二十五日、淡水河のほとり、MRT駅と船着場の間に有河book書店が誕生した。店員一号６８６（詹正德《ヂャンジュンデェ》）は映画評論家であり、店員二号隠匿《インニー》は詩人である。当時広告代理店で働いていた６８６とデザイナーの隠匿は、サラリーマンの生活に嫌気がさし、情熱にかられ、淡水河沿いの二階に書店を開業することにした。情熱というのは隠匿の言葉を借りれば、自分の好きな本を売り、自分の好きな生活を送ることだった。そのため、店の商品は最初から詩集、文学、映画、エコロジーなどのジャンルの新刊がメインであった。

情熱以外に頼れるものは愛と想像力である。最も大切なものは想像力で、それは美しい山と川、そして毎日変化する空の色からくるものだ。自然の風景と書店の人文的風景との間にある、常に詩が書かれた有河bookの一面のガラス窓は、多くの人にとって有河bookに対する最も美しいイメージだろう。

詩や映画以外に、隠匿は大の猫好きだ。書店に訪れる野良猫の世話をしたり、名前を付けたりする。本に興味がないのに猫の昼寝ばかり邪魔をする「悪い客」のことで夫婦が頭を悩ませる一方で、開店してからずっと応援してくれている友人には感謝している。猫の餌を無償提供する者もいれば、隠匿に本の編集を教えてくれる者もいる。そのおかげで有河から一冊一冊、本が出版された。店のガラスにも書かれている詩を納めた詩集『沒有時間足夠遠』と『兩次的河』、隠匿の詩集『自由肉体』、『冤獄』や猫がテーマのエッセイ集『河貓』など。最近彼女の四冊目の詩集『足夠的理由』が出版され、ほとんど開店記念日を祝わうことのない有河bookは、この詩集によって九年間続けたことを人々に静かに告げた。

まだ独立書店が少なかった頃、多くの出版社は新刊発表会の場所として有河bookを選んだ。しかし店主にとって、こういったイベントは開店当初は予想もしていないことだった。新しい書店が増えることで、有河bookでのイベントは減少していったが、二人は全く気にしておらず、却って同業者が増えることを喜んでさえいた。イベントが少ない時は本を売ることに専念し、もっとのんびりとした自由自在な書店生活を送ることができるからだと言う。

本の販売以外に有河bookではカフェを併設し、飲み物を提供している。新刊発表会、映画上映会、詩の朗読会なども不定期ながら開催した。現在、新刊発表会は詩集をメインとして開催しているが、それも店の大きな特徴の一つとなった。

書店を九年も続けることは決して容易なことではない。有河は初期の経営難による低迷と挫折を乗り越え、出版業とライターの仕事も増やし、収入は少ないながらも、単純ではあるが心から愛する生活を守ることができた。

隠匿は近年、自分の情熱が明らかに冷めつつあると言うことがあり、大病も患ったが、夫婦二人は書店という道を懸命に歩み続けている。詹正德は二〇一四年末に設立された「友善書業合作社」で無給の理事長に就任した。

今までのことを振り返ってみると、彼らがずっと忘れないようにしているのは初心に戻ることである。「苦しみのない楽しみは意味がない」と彼らは思う。隠匿が最初に自分の書店のために書いた詩『我想我會甘心過這樣的日子』の通り——

有一間書店，緊鄰著河岸邊，
我為祂，守候著時間
守候著每個季節的水鳥……

一軒の本屋が、河辺に佇んでいる
私は彼のため、時間の流れを見守っている
四季それぞれに訪れる水鳥を見守っている…

訳注：有河bookは二〇一七年に閉店。有河書店として場所を変え、二〇二〇年に再開している。

詩が描かれている有河bookのガラス窓と店内

凱風卡瑪兒童書店《カイフォンカアマアアールトンシューディエン》

二〇〇六年、台湾の書籍出版業界は前世紀末の最盛期が過ぎ、最も衰退した一年を迎えた。業界全体の売上高は二百五十億台湾元、この数字は二〇〇七年と二〇一四年に次いで低い（この文章が書かれた時点で二〇一五年の売上高は未公表）。その年、金石堂は積極的に台湾各地で展開しており、台湾全土に九十四店舗を有していた。一方、ネット書店・博客来の売上は、当時すでに金石堂を超えており、業界の王者・誠品書店に迫っている（実際その後わずか二年で誠品書店の売上高を超えた）。

このような環境の中、東華《ドンホワ》大学大学院教育学研究科修士として卒業した陳培瑜《チェンペイユ》は高校の教職を辞め、花蓮の美崙山《メイロンシャン》に児童書店を開くことにした。陳培瑜は店を「凱風卡瑪」と名付けた。「凱風」は『詩経』の中で母親に例えられる南風のこと、「卡瑪」は排湾《パイワン》族*127の言葉で父親のことである。児童書がメインだが、他の児童書店と違うのは、凱風卡瑪には社会的な課題についての書籍も陳列している所だ。子供たちを連れてきた親たちがそういう本に触れ、知識や情報を得ることもできた。

*127 台湾原住民の一民族。

これは熟考するに値することである。児童書店の店主としては、児童書に力を入れ「凱風」や「卡瑪」たちにお金を出して本を買ってもらえばいい話であり、大人向けの本も並べ、親たちが児童書店に抱いている「純粋無垢」なイメージを壊す必要があるのか。その他、以下二点についても一緒に考えなければならない。それは児童書店が販売している本は子供向けであり、大人向けではないのか。大人の世界について子供は知る必要がないのか、ということである。

書店を紹介する趣旨から少し話題が逸れたかも知れないが、陳培瑜は児童書店店主として、自分の社会問題に対する立場を隠そうとしない。読書教育や文学の創作、環境問題やジェンダー問題、凱風卡瑪は児童書店を理由に無関心な態度を取ることなく、そういったテーマにまつわる講座やイベントも開催する。二〇〇八年に独立書店連盟の設立に凱風卡瑪も直接関わることになった。これらの行動から見れば、凱風卡瑪は児童書業界の中では異例の存在のようだが、児童書と児童書店に興味がある多くの者は、陳培瑜の持つ児童書の専門知識に惹きつけられ、時間を割いてでも彼女の講演に参加したいのだ。

インターネット書店が書籍市場のシェアを拡大するこの時代に店舗を始めるにあたって、凱風卡瑪は自分のやり方でそれと対抗する準備をしていた。しかし、ネットより低価格を売りとする政大書城《ジョンダーシュウチョン》が花蓮に進出すると、凱風卡瑪は対抗することができなかった。凱風卡瑪が直面している難題は売上だけではなく、読者の消費者心理の変化もその一つだった。二〇一三年一月、凱風卡瑪児童書店が閉店となり、この店のファンたちに衝撃と嘆きを与えた。

しかし、陳培瑜はこれで書店業界を去った訳ではなかった。書店を経営している頃から夫と児童書のデジタル出版を始めていた。二〇一一年、その一冊目の作品『小盒子大秘密』を出版した。児童書店の閉店後、二人は全力を出版に傾けることにした。デジタル出版がメインの凱風卡瑪株式会社を創業し、絵本作家との合作に力を入れ、版画親子体験キットが付いている和綴じ絵本『小朱鸝』などの出版も手掛けた。一方、果たして凱風卡瑪児童書店を再開する日が来るのか。それは書籍市場の変化を祈るのみかも知れない。

三，不曾告別的理想

捨てられぬ理想（二〇〇〇年代）

ネット時代の中、実店舗の経営難に直面し、多くの書店は店を畳むことを選んだ。一方、いくつかの店は店舗のスタイルを変え、違う形で存続できるかどうかを試みている。この変化を書店好きの人々に受け入れてもらえるとは限らない。しかし、経営者にすれば店が続かなくては意味がない。本を読者に提供し続けるために、他の収入源で書店の経営を支えるのも一つのやり方ではないか。だが店のスタイルを変えるくらいなら、いっそ他の店をすれば？保管場所に困る本や本棚を撤去したらどうだ？と考える。しかしそこには店主の書店に対する明確な執念と理想が存在しているのだ。

「百年書店物語」の最後として、三軒の書店を紹介しよう。台湾の書店の未来は果たしてどのような風景になるのだろうか。また「独立書店」はどのようにして変化していくのだろうか。近年、様々なスタイルの書店が次々と誕生しているが、現在（二〇一六年）のわたしたちにとって、将来どのような書店が出現するかを予想するのは難しいことだろう。しかし今まで存在していた、あるいは今でも存在している書店を歴史的な観点から眺めることで、書店、特に実店舗の書店が社会にどのような影響を与えているのか、私たちも読者も更に詳しく知ることができるはずだ。そして書店、特に独立書店は本の販売以外に、この社会にどんなものを創造できるのかについても！

東海書苑《ドンハイシューユェン》

文：大家書房《ダージャーシューファン》　奚浩《シーハオ》

二〇〇六年、東海《ドンハイ》大学の近くにあった東海書苑は台中市の中心部である中港路二段に移転した。あの界隈では有名なランドマークの金錢豹酒店《ジンチィエンディジュウディエン》*128の近くである。当時、書店を市内中心部に移転することについて、ある独立書店の友人がこのような例えをした。「キャンパスの隣にある書店は、深さ二メートルのプールのようで、足をちょっと蹴っ飛ばしてもがいたらまだ空気を吸えるけど、キャンパスを離れて市内に行けば、プールの深さはとても測れるものではない」と。

一九九五年、廖英良《リャオインリャン》は東海大学大学院社会学研究科の学生と共に、新しい書店のスタイルを創りたいと考え、当時の東海書苑を買い取った。アパレル、生活雑貨、飲食店が集まる集合住宅「東海別墅《ドンハイビェシュウ》」の生活圏の中で、東海書苑は思想性の高い店となった。文学、歴史、芸術など人文系の書籍を販売し、学生たちが世界の思潮と社会の動きに触れることができる窓口にもなった。このような書店を開くのは、もちろん金儲けのためではなく、学生運動の改革の精神を継続するためだ。だからこそ東海書苑は思想の拠点となり、学生団体や思想派と行動派の若者が集う。東海別墅にあった頃の東海書苑は東海大学の学生の思

*128 ゴールデンジャガー。台湾では有名な風俗店。

想の拠点であると同時に、学生が卒業し歳を重ねていくと共にたくましく成長していく、言わば台中地区における思想の「集う場所」となっていった。

一九九五年から二〇〇六年は学生運動が徐々に沈静化し、インターネットが台頭し発展する十年だった。この十年間、書店は本質的な変化を遂げた。思想の本の売上が落ち、教科書と参考書の機能がインターネットに取って代わられ、書店のスタッフは利益率の低い指定教科書の取り寄せ作業に多くの労力を費やし……様々な変化から廖英良も書店の未来と方向転換について考えざるを得なかった。

キャンパスから離れた後、廖英良がやりたかったのは店の在り方の見直し、そして読者の輪を広げることである。東海書苑バージョン2は台中の読書家の溜り場になりたいという思いから「読書家組合」という実証実験を始めた。つまり、書店の利益は本の販売に頼らず、協同組合の形で書店の運営を支える。簡単に言えば、組合員は毎月会費を納めて書店の経費を支え、その代わりに会員は仕入れ価格で本を購入することができる、という仕組みだ。

中港路時代の東海書苑は読書家組合以外に、「默契珈琲」を店内に併設し、書店の堅苦しいイメージを和らげた。しかしこの時期、二つの難題は依然として東海書苑バージョン2の前に立ちはだかっていた。一つは、会員は低価格で本を購入できるものの、店に並ぶ本の種類と取り寄せの利便性はネット書店に及ばないため、サービスの魅力が半減したこと。もう一つは、売り上げの大半がカフェによる収益のため、本はカフェの装飾になってしまったことだ。これらの問題から、読書が変質してしまうのではないかと懸念し、店主は次の方向転換を決断した。

友人の協力で東海書苑は二〇〇九年に一戸建ての店舗を見つけ、交通量の多い中港路から国立台中美術館前の緑園通りに移転した。交通の喧騒やしゃれた店が織りなす風景はなく、あるのは静けさだ。新しい場所に移転した東海書苑バージョン3は、一階には前と同じようにカフェを併設し店の収入を支えているが、書店を中心とした空間と動線を配した。二階は講演とイベント用の空間である。新しい空間や新しい機能に読者は惹かれ、自主的に読書会や討論会を開くようになり、読者の輪を広げたいという東海書苑バージョン2の思いを引き継いだ。様々なイベントの開催ができる新しい空間ができたことで、イベントが目的ではない、仕事や読書のために来店する人たちも静かに過ごすことができた。

読書と仕事の空間を作りたい、それは東海大学から離れた東海書苑の一つの目的だ。しかし、このような転換がネット書店に対抗できるかについて、廖英良も確信が持てなかった。唯一言えるのは、彼は社会運動の一つとして書店を開いたのであり、書店さえ存在していれば、社会改革の希望が持てると心から信じているということだ。

訳注：廖英良は二〇一八年に台中市台湾大道に新しい書店「邊譜」を開く。台中国家歌劇院界隈、台中で一番賑やかなこの道に書店が一軒もないことから新しい書店を開くことを決意したそうだ。一方、東海書苑がある美術館界隈の商業機能が衰退し、店の経営が難しくなったため、二〇一九年四月に東海書苑を閉店することを決断し、廖英良は「邊譜」の経営に専念することになった。

闊葉林書店《クオイエリンシューディイエン》

文：大家書房《ダージャーシューファン》　奚浩《シーハオ》

「闊葉林[*129]」という詩的な店名は、ボルヘス（Jorge Luis Borges）『砂の本』の「葉を隠すなら森の中」の一文から来たものだ。一冊一冊の本は一枚一枚の広葉のように、重ね合わせて森になる。この本の広葉樹林は、一九九八年に台中市南区で誕生した。

闊葉林書店の店主である廖仁平《リャオレンピン》は雲林西螺の農家出身で、豊かな農産物に囲まれながらも、本にはあまり恵まれない幼少時代と思春期を送った。だからこそ彼は本に対しては貪欲であった。大学に入った廖仁平は歴史を専攻するが、彼が読んでいる本は歴史の専門書のみではなく、哲学、芸術、国内外文学など幅広く読み漁ってきた。簡単に言えば彼は、本を読みたいから書店を開いたのである。

書店を開業する前、彼は書店の多い東海大学界隈によく通っていた。当時東海大学界隈には主恩《ジュオン》、東興《ドンシン》、明目《ミンムゥ》、東海書苑などの書店があった。一方で台中市南区、東海と同じように文学部を持つ中興《チョンシン》大学の近くに書店は少なかった。中興大学の学生たちは本を探したり購入するため、いつも東海大学辺りまで行かなければならなかった。そこで彼は中興大学の向かい側の路地に、闊葉林書

*129　広葉樹林のこと。

店を開くことにした。

　書店は本を売らないと成り立たないが、廖仁平にとって一番楽しい時間は恐らくお客さんがいない時なのだ。それは読書に集中できるからだ。読書という行為に対して、彼には古風なこだわりがある。毎年読書計画を立て、毎月の目標も定めており、困難を恐れず、難しい古典に次々と挑戦していく。この十数年、筆者が知っている限り彼は、ウィトゲンシュタイン、ハイデッガー、カント、ヘーゲルなどの作品を読んできた。そして、彼は同好の仲間と長年読書会を手掛け、論語やヴァージニア・ウルフ、ジェイムス・ジョイスの作品を読んだ。最近では『愚か者』(チェーホフ)、『カラマーゾフの兄弟』(ドストエフスキー)などのロシア古典文学に力を入れている。多くの独立書店と同じく、闊葉林書店の特徴は蔵書量と内装ではなく、人である。長年蓄積してきた知識を持つ店主は、店内の本をすべて脳内に刻み込んでいる。作者、版、読み解く視点、本の中に隠れている巧妙な伏線まで、彼は自分なりの鋭い見解がある。そのため、多くの人にとって、闊葉林書店の魅力は優れた本ではなく、店主の優れた考察なのだ。

　二〇〇八年、闊葉林書店は店舗を拡張した。店舗の向かい側にあった二階建ての一軒家に移転し、カントリー風の新しい内装で、旧店舗の雰囲気とは全く異なる。新店舗の一階はレストランで、店主は自ら生地からピザやキッシュを作り、パスタも自分で作っている。元の蔵書は二階に移し、葉っぱたちはさらに奥まった場所に隠されたようだ。多くの書店好きはこのことに関して思うところがあった。つまり、本は重視されなくなり、店の奥に仕舞われ、店主は現実に負け、本より飲食を選んだと思われているらしいのだが、そこには少しばかりの誤解があるようだ。

　この二十年間、闊葉林のような長年続いている書店は台湾社会における様々な重要な時代を経験している。知識の解放、アイデンティティーの変化、新聞と出版業界の盛衰、インターネットブーム、書籍内容の深さと密度の変化などから、読書という行為がネット化・映像化に変わりつつある今日の風潮まで……。否定できないのは、これから昔気質の読者たちは少数派になるということだ。内容が濃い分厚い本はさらに書店の奥に追いやられ、人の目に留まりにくくなるだろう。もしこの時代の趨勢に抗うことができないなら、もし本を読むことにこだわることで書店の経営を支えるのが難しいのであれば、「何か」をしながら読書するというライフスタイルを選ぶのも一つの方法だろう。それで読書を続けることができる。その「何か」はコーヒーを淹れることであろうと、ピザづくりであろうと、他人が理解できようが不満に思おうが、もう取るに取らないことだ。闊葉林は依然として佇んでおり、多くの本を読み漁り、活字中毒重症の古風な読者が路地に入ってみれば、古い樹木に新しい枝葉が生えてくることだろう。そして本の魅力と店主の本へのこだわりも、時代が変わっても消えることはないのであろう。

「草葉集」から「註書店」

九二一の大震災以前、台北にある師大路《シーダールゥ》界隈でライブハウス「地下社会」と「聶魯達カフェ」の責任者だったOnlyは、この震災により大きな衝撃を受けた一人である。被災地の復興に数年間参画し、人生の破壊と再生の過程について反省、反芻した末二〇〇三年、新竹県の竹北市で「草葉集《サアオイエジィー》」を開いた。

●草葉集1.0(二〇〇三年一月~二〇〇六年七月)

地縁に加え、Onlyの被災地復興と野百合学生運動の経歴から、開店当初は多くの文化圏の仲間の支援を受けた。草葉集も新竹県の郷土文化をつなぐ拠点となった。書店の経営を通し、小規模農業、地域振興、社会問題などに注目し、様々なイベントを開催した。また今にして思えば、ネット書店の値引き販売に衝撃を受け、暗黒時代を迎えていた当時の書店業界を知ることができたのは、まさしく自身も書店を経営していたからこそであった。二〇〇一年から二〇一九年は小型書店と独立書店が最も早いペースで廃業していく時代であった。草葉集は当時書店で主流だった経営方法に適応することができず、この業界の隙間で生き残るために独自の道を歩んでいた。一つは、取次商の配本を断り、仕入れる本を自ら選ぶことにこだわったことだ。また、独自の書籍分類システムを作り、店の基本蔵書量を五千冊以内に維持し、一冊売れたら一冊仕入れることを原則とした。もう一つは、書店を存続させるためにはどんな仕事でも引き受けることだった。書店でのスペシャリティコーヒーの販売や飲食、展示会の企画、フェアトレード商品、ワークショップ、産地を巡る旅のコーディネート、文化局からの委託案件、学校とのコラボ、本棚のコーディネート、木材家具のオーダーメイドなど、少しも躊躇せずになんでも引き受けた。

草葉集1.0は木で作られた空間だった。ゆっくり本が読めるコーナーや、文学・歴史・哲学のセレクト本があり、創作料理やハンドトリップコーヒーを提供し、スローフードや食品安全、農業交流などのイベントを開催したり、インディーズバンドのライブも行った。ただの書店ではなく、ただのレストランでもカフェでもない。スタッフですら店の定義を説明するのに口籠ってしまう程であったため、ついには店名を「草葉集概念書店《サオイエジーガイネエンシューディエン》」と変更した。

書店経営の可能性についての様々な試みは一見一貫性がないようだが、草葉集は公共の空間として読者や仲間を引き寄せ、ここで議論を交わし、人生の物語を分かち合う。何度も難関に突き当たったが、この時期の草葉集は、ホイットマンの叙事詩『草の葉』[*130]のような、謳歌する個人の自由精神を最も反映でき

*130 『草の葉』の中国語名は『草葉集』。

ていたと言えよう。

●草葉集2.0（二〇〇六年八月～二〇〇七年七月）

店舗の賃貸契約が満了したため、移転を余儀なくされた。新しい店舗は、ある集合住宅の中で、わずか十八坪の空間だった。ここでは「独立書店」、「創作料理教室」、「空間設計」の三本柱で店舗を運営していた。

●草葉集3.0（二〇〇七年八月～二〇〇九年二月）

店の経営というものは、続けながら修正し、少しずつ進化していく過程であると言える。新竹県竹北市の第二期土地区画整理地域[*131]に移転した草葉集3.0は、路面店舗となった。すでに2.0時代に、一年間メニューのない料理店と小規模な食事会の経験を積んでいたため、書店の経営陣は、飲食に重点を置く経営方針に決定し、「ECMレコード」の代理販売にも参入した。利益重視の方針のようにも見えるが、実際は人々の生活の様々な議題に注目し、多くのイベントを開催した。この時期、書店業界において重大な変化が起こった――取次商の廃業と統合、取次商と書店間の債権問題が頻出するほか、台湾の書店業界が未だに覆すことができない出版物委託販売制度もこの頃に制定された。[*132]「ピンチは

＊131 光明六路東一段、県政二路、荘敬北路、自強南北路に囲まれる地域。

チャンス」という言葉のように、小さな独立出版社やリトルプレスが現れ始め、独立書店はこの数年間、苦労しつつも、この目まぐるしく変わる業界の中で大きな影響を受けずにすんだ。小小書房や有河bookなど、新しい独立書店はこの時期に誕生している。

●草葉集4.0（二〇〇八年八月〜二〇一二年二月）

二〇〇八年夏、草葉集の経営陣が「空間設計」と「ＥＣＭレコード代理販売」の業務を台北市内湖区に移した。それに加えて、店の運営がますます多忙を極めたため、生活の中で理想を実践するという初心から離れつつあるのを感じていた。熟考と自省の末、草葉集は竹北市の書店を閉め、外との繋がりを減らし、台北で骨を休め、心を磨く生活を送ることにした。

●詿書店（二〇一二年三月〜現在）

二〇一二年、ずっと草葉集の経営に参加していたPeggyが台北市内湖区で「詿書店《ジュウシューディエン》」を開いた。詿書店には「書店に住む」という意味合いがあり、Peggy自身が草葉集2.0に泊まったことから着想を得た。当時、よく飲みすぎて家に帰れなかったイベントの参加者を店に泊まらせていたのだ。草葉集4.0は店舗半分

*132　日本の出版業界で「委託」とは主に月締めで納品数から返品数を控除した金額で精算すること（月締め精算）を指すが、ここでの「委託販売制度」は一定期間商品を委託し、その間の売上数で精算する方法を意味する。本来、後者の「委託販売」は小売有利の契約なのだが、委託期間は個別契約となるなど交渉余地も多い。二〇〇七年〜二〇〇九年ごろに取次の統廃合が起こり取次の規模が拡大、加えて大型書店・ネット書店が台頭したことで、規模の大きな小売店がより有利な条件で契約を結ぶことになった。結果、出版社の資金繰りが悪化し、短期的な売り上げを求め、編集期間が短くなる、類似本の出版が増えるなどの影響が起こった。加えて、交渉力の低い中小規模の出版、小売店の経営にも悪い影響を与えることになった。

と事務所半分という経営形態になり、Peggyにも余裕ができたことで、次のステップに向けてのいい準備期間ともなった。そして、書店を開業したいという強い思いを抱いたまま、新しい屋号「誌書店」へと書店の命を引き継いだ。草葉集から誌書店、空間のデザインにおいては、「家」という要素に変わりはなかった。家としてのあるべき姿、人間のあるべき生き方。発想、明確化、整理統合、過渡期などの時期を経て、やはり店の空間を通して「生活する家」を表現したかったようだ。店で「生活」することで、生活と自然との関係について心がけるようになり、書店は地域との繋がりを作れるようになり、個人と公共の関係についてすらも意識するようになったのである。

Column 6

重慶南路書店街について
私の一風変わった独立書店の経験と夢

文：独立書店文化協会会員、静宜大学社会福祉と児童少年福祉学部教授　陶蕃瀛《タオファンイン》

重慶南路の書店で育った私は、民国四十四（一九五五）年に生まれた。その頃には重慶南路に父親が力行書局《リーシンシュージー》を開いてもう二年以上も経っていたという。両親は書店を経営しながら六人の子供を育てあげた。その四番目が私であった。力行書局は重慶南路一段四十七号にあり、一階フロアの前半分の店舗部分には文房具や紙ものを販売し、後ろ半分は倉庫だった。民国四、五十（一九五〇、六〇）年代、ほとんどの重慶南路の書店は出版業がメインで、莫大な在庫を抱えていたため、二、三階は自社出版物倉庫兼自宅だった。自分は本の山で育った本の虫だとずっと思っていた。本の倉庫に様々な大きさの木箱が積んであり、大きい木箱には子供二人が入る程だった。小学校二年生の頃、父の書店が経営難に陥り、世界はなぜこうなるのだろう、人は何のために生まれてきたのだろう、などと疑問に思ったことがあった。たまにこっそりと倉庫の隅にある大きい本箱の上に登って身を隠し、あれこれ思いをめぐらした。そういえば父親が定期的に倉庫にある本箱を大幅に並べ替えていた。今思えばあれは本の棚卸だったのかも知れない。ところで自分の心の中にずっと留めておいた事がある。中国、晋の時代に、毎日瓦を運んでいた陶侃《タオカン》*133という武将がい

て、実は彼と我が家が血縁関係にあるかも知れないという。我が家の先祖は、その陶侃のひ孫にあたる陶淵明[*134]で、私の父親は第三十代の長男にあたるらしい。そんなことを大人になってから叔父から聞かされたが、あまり信憑性のない話に浮かれつつも、証拠もないので今まで誰にも話さないでいたのだ。本箱の並べ替えの時、私たち子供も本箱や空の木箱を運ぶのを手伝わされた。このような子供の頃の経験があるため、私は書店や書店の経営、特に小さな独立書店に対して、愛おしいけれど恐ろしい、という矛盾した複雑な気持ちを持っている。

書店は貸家だった。大家は大稲埕《ダーダオチェン》に住んでいるお金持ちで、北投で温泉旅館を経営していた。我々が借りている重慶南路にあるこの物件は、戦後、帰国を余儀なくされ、現金が欲しかった日本人から安く譲ってもらったらしい。民国四十（一九五〇）年代、この物件を借り始めた頃、家賃はお米の価格から換算していたと、母親と一緒に家賃を納めに行く時に聞かされた。家賃を払う時になれば、当時のお米の価格を確認し、それを現金にして大家さんの屋敷に持っていくのだ。その後、お米の価格や物価が長い間安定し、契約を更新する時に新台湾ドルの単位で家賃を定めた。家賃だけではなく、本の価格も流動的だった。国民党政府統治の初期の頃は、本に載っている値段は「基本定価」であり、販売する時に、出版社によって違う数を掛けて売価を算出するのだった。通貨の

*133 （二五九～三三四年）中国の晋の武将。

*134 （三六五年～四二七年）中国の文学者。

価値が不安定な時代だったので、基本定価だけを定め、物価が変動すれば、出版社は売価算出の倍数だけを変更すれば、本の定価を一冊一冊手で直さずに済んだ。多くの客はこの価格の決め方に慣れていたが、事情を知らない、納得ができないクレーマーが来ると、口論になることもあった。

重慶南路にある書店の軒数だけを見れば、重慶南路書店街の最盛期は民国七十から八十（一九八〇～一九九〇）年代だった。しかし、出版業全体の発展から見れば、重慶南路の書店は民国六十（一九七〇）年代にすでに主導権と優位は失われていた。以前は、重慶南路の書店数は多くはなかったが、台湾での創作と出版数も多くなかったため、重慶南路の多くの老舗書店は主に、古典の自社出版、学校の教科書の合同出版、洋書のコピー出版、中国語と西洋の出版の輸入などで利益を得るとともに、出版業界を牛耳る地位を占めていた。しかし、民国五十（一九六〇）年代以降、重慶南路以外の新興出版社が出版した文芸小説と洋書の翻訳本は質においても量においてもはるかに優れていた。機転が利かない老舗書店は従来の事業に固執するのみで、全国の出版業に占めるシェアも低くなっていった。文星書店《ウェンシンシューディエン》が民国五十七（一九六八）年に廃業を余儀なくされた後、新興出版社と老舗書店との格差がますます広がっていった。現在、全国の出版業を見渡しても、出版、店舗、ネット販売において先頭を走る重慶南路の書店は、民国四十六（一九五七）年に衡陽路で創業し、その後重慶南路に移転した三民書局《サンミンシュージー》のみとなっている。

民国三十（一九四〇）年代重慶南路と衡陽路に書店は十七軒あり、民国四十（一九五〇）年代は三十三軒あった。これらの書店のほとんどは、出版がメインだったが、一階に店舗を構えて本を販売していた。民国五十(一九六〇)年代になると書店の数が四十四軒に増え、その中の三軒は出版専門で一階に店舗は持っていなかった。民国六十(一九七〇)年代には書店数が八十五軒となった。重慶南路に進出した新しい書店の多くは、老舗書店から独立開業したもので、他社が出版した本と文房具の販売がメインだった。

他社出版の本から得る利益は自社出版の本よりはるかに低いし、管理にも手間がかかる。老舗の大手書店は他社本の販売に興味がなく、本の取次や販路もまだ整っていなかったため、老舗書店の従業員に重慶南路で起業するチャンスがあった。しかし、起業はできたものの、維持するのは簡単ではない。他社本の販売で資本金を増やすのには時間がかかる。資本金が限られている状況の中では、膨大な資金、管理技術、設備投資が必要な大型書籍販売事業を展開することができなかった。民国七十一(一九八二)年に、大手紡績業者が私設図書館を作りたいという思いで金石堂図書股份有限公司を設立した。資本金の豊富な企業を後ろ盾にし、民国七十二(一九八三)年に書籍販売市場に進出。台北市汀州路の台湾大学、公館界隈で「金石文化廣場」書店を開いたことで、書店業界に商機を感じた。民国七十三(一九八四)年重慶南路に進出し、洒落た内装、心地よい空間、最新の仕入れ管理システムを導入した金石堂書店を開いた。それからの話は長くなるが、簡単に言えば、その後の重慶南路書店街において新しい書店の出現は後を絶たなかったということだ。

雨後の筍のように書店が現れた現象の背景には、台湾全体の社会、文化、経済発展などの変動が関わっていた。金石堂書店が現れなくとも、書籍文化事業に興味を持つ、資本金の豊富な経営者が参入していたことだろう。資金、人材、技術、経営理念の決定、どれひとつ欠けていても経営は厳しくなり、持続させるのは難しい。

地域の独立書店はまだ商機があるのだろうか？

このような趨勢の中で、独立書店はまだ存続できるチャンスがあるだろうか。ひと言で言えば、もちろんある。独立書店には、特有の市場需要があり、特殊な経営人材と理念があるからだ。独立書店が共同参画することのできる取次商や配送ルートを整備し、開業や経営方法と管理の基礎を教えるなどの経営者へのサポートシステムさえ整っていれば、どこでも経営者は独立書店を存続させることができるのだ。ゆえに、独立書店文化協会が最も力を入れなければならないのはまさにそこなのである。地域で独立書店を経営したい有志たちと交流し、切磋琢磨していきたいものだ。

注：力行書局の現在の経営者陶蕃華と彭玉菊夫婦がインタビューを受け、資料を提供してくれたことに感謝を申し上げる。

【參考資料】

- 中央研究院數位文化中心〈新高堂書店〉〈文星書店〉〈明星咖啡館與周夢蝶〉、『思想・重慶南路』http://thinkread.asdc.tw
- 文訊雜誌社『記憶裡的幽香：嘉義蘭記書局史料論文集』（文訊雜誌社）
- 台灣省商業會「台灣最老書店―台中瑞成書局」台灣省商業會（2011,08,02）
- 台灣獨立書店文化協會『2014福爾摩沙書店地圖』（台灣獨立書店文化協會）
- 台灣獨立書店文化協會『2015福爾摩沙書店地圖』（台灣獨立書店文化協會）
- 台灣獨立書店文化協會編『聽見書店的聲音Vol.1　給下一輪想開書店者的備忘錄』（台灣獨立書店文化協會）
- 台灣獨立書店文化協會編『聽見書店的聲音Vol.2　書叢中的微光』（台灣獨立書店文化協會）
- 石育民「二二八事件前後的蔣渭川（1945-1947）」東海大學歷史學系碩士論文
- 何義麟「新高堂書店的創立與發展―兼論近代臺灣出版業之殖民現代性」『台灣史料研究』第三十八期（2011,12）
- 周芬伶『龍瑛宗傳』（印刻出版社）
- 周浩正『一個難以忘懷的出版達人―速寫沈登恩』（寫給編輯人的信）
- 林柏維『台灣文化協會滄桑』（台原出版社）
- 邱家宜「齊世英與逆勢而為的『時與潮』雜誌（1959-1967）」中華傳播學會2013年年會論文
- 封德屏主編『台灣人文出版社三十家』（文訊雜誌社）
- 柯喬文「漢文知識的建置：台南州内的書局發展」國立台南大學『人文研究學報』第四十二卷第一期
- 柳書琴等「媒體小眾與現代通俗：1930年代台灣現代通俗文學風潮分析」行政院國家科學委員會專題研究報告（2006.10）
- 夏文學「從台灣甘地到現代武訓―林占鰲長老」『新使者雜誌』第二十一期
- 徐千涵、柯佳佑「台灣本土文化書局　讀出台灣好味」生命力新聞（2014,11,7）
- 張木蘭「向資深出版人到敬：閱讀・出版・三輪車伕―張清吉談新潮文庫的故事」聯合報（2011,11,11）
- 莊紫蓉「蓄積一座靈感的水庫―專訪小說家鄭清文」『面對作家：台灣文學訪談錄（二）』（吳三連台灣史料基金會）
- 陳芳明面編『蔣渭川和他的時代』（前衛出版社）
- 陶恆生「六十年代出版界的奇葩―文星書店」『傳記文學』第四百八十三號（2002,8）
- 曾鴻儒「瑞成書局／最老書店　宗教寶庫」自由時報（2011,10,30）

- 黃煌雄『蔣渭水傳—台灣的孫中山』（時報文化）
- 葉麗晴「沈登恩的逐夢人生」（遠景文學網）
- 葉麗晴「關於遠景」（遠景文學網）
- 劉燕儷、邱重銘「試論2001-2007年間台灣圖書出版產業的變化—以景氣為中心的探討」『2009年嘉南藥理科技大學文化事業學術研討會論文集』
- 蔡盛琦「日治時期臺灣的中文圖書出版業」『國家圖書館館刊』九一年第二期（2002,12）
- 蔡盛琦「戰後初期臺灣的出版業（1945-1949）」『國史館學術集刊』第九期（2006,9）
- 蔡寶瑤「日治時期台灣歌仔冊之文化意義」國立花蓮教育大學民間文學研究所碩士論文
- 賴正哲「在浴缸裡不耐久候—同志書店「晶晶書庫」做為同志社區想像的開端」『性別與空間研究室通訊』第六期（2006,12）
- 謝祝芬撰文、簡錦維口述『明星咖啡館』印刻出版社
- 顧訓中「蕭氏父子」共識網 http://www.21ccom.net/articles/rwcq/article_2010091318525.html
- 顧敏耀「開闢同志空間的運動基地—創業初期的晶晶書庫研究（1999-2002）『藝見學刊』第二期（2011,10）
- 各家書店網站・維基百科……等

郭雅暉（かく・まさき）
台湾・彰化生まれ。
国立台湾師範大学・関西学院大学卒業。
現在、日本在住・会社員。

永井一広（ながい・かずひろ）フォルモサ書院店主
大阪市生まれ。
会社員を経て、二〇一八年に古書店「フォルモサ書院」を開業。
台湾渡航歴多数。
著書に『台湾滞在紀行～心の中の遠い故郷～』（フォルモサ書院、二〇二一）

＊本書は「フォルモサ書院」名義での、夫婦二人による共訳となる。

台湾書店百年の物語——書店から見える台湾

発行　２０２２年９月30日　初版
編著　台湾独立書店文化協会
翻訳・写真　フォルモサ書院（郭雅暉・永井一広）
装画　花松あゆみ
挿画　盧依琳、劉耀中
装丁・組版　中村圭佑
発行者　松井祐輔
発行所　エイチアンドエスカンパニー（H・A・B）
２１０-０８１４　神奈川県川崎市川崎区台町１３-１-２０２
［TEL］０４４-２０１-７５２３　［FAX］０３-４２４３-２７４８
hello@habookstore.com　www.habookstore.com
印刷　株式会社八紘美術
仕様　A５変形サイズ・並製
用紙　カバー／里紙〔うすねず〕　帯／エコラシャ〔れもん〕
表紙／ディープマット〔ミストグレー〕　本文／アズーリ
本体　２２００円＋税
乱丁・落丁本はお取り替えいたします。
ISBN978-4-9907596-9-8 C0022